Felbertauern
Großvenediger
Glocknergruppe
Großglockner
Kärnten
Tauerntal
Frosnitztal
Granatspitzgruppe
Dorfer Tal
Seebach
Tauernbach
Teischnitztal
Ködnitztal
Maurertal
Dorfertal
Timmeltal
Gruben
Hinterbichl
Prägraten
Virgental
Isel
Obermauern
Zedlach
Mitteldorf
Großdorf
Kals
Welzelach
Virgen
Matrei i. Osttirol
Lesach
Trojer Almtal
Lasörling
Mullitztal
Lasörlingkamm
Kalser Tal
Kalser Bach
Hochschober
Schobergruppe
Maria Hilf
St. Jakob
Bruggen
St. Veit
Hopfgarten
Döllach
Ober-
Peischlach
Unter-
Huben
Defereggental
Debanttal
Debantbach
Zwenewaldtal
St. Johann im Walde
Oberleibnig
Alkus
Iseltal
Michlbachtal
Ainet
Schlaiten
Deferegger Alpen
Oberlienz
Lienz
Iselsberg
Kreuzeckgruppe
Nußdorf-Debant
Dölsach
Amlach
Tristach
Leisach
Lavant
Kalkstein
Innervillgraten
Winkeltal
Kristeiner Tal
Wilfferner Tal
Bannberg
Villgraten
Außervillgraten
Anras
Aßling
Thal
Pustertal
Drau
Mittewald
Nikolsdorf
Lienzer Dolomiten
Arnbach
Sillian
Panzendorf
Tassenbach
Strassen
Abfaltersbach
St. Oswald
Kartitsch
Hollbruck
Gail
Eggenbach
Obertilliach
Untertilliach
Maria Luggau
Italien
Tiroler Gailtal
Karnische Alpen

Walter Mair

OSTTIROL

Walter Mair

OSTTIROL

Ein Bildwanderbuch

Mit 72 Farbbildern
und einer Übersichtskarte
am Vorsatz

Tyrolia-Verlag · Innsbruck–Wien

Umschlagbild: Über dem herbstlichen Hochstein ragt das Laserz – die felsige Mitte der Lienzer Dolomiten.
Abbildung auf Seite 2/3: Prägraten am Fuße rauher Eisberge. Ein über Jahrhunderte vererbter Bauernfleiß prägt entscheidend das saubere Ortsbild.
Vorsatzkarte: Hanspaul Menara

Die Deutsche Bibliothek –
CIP-Einheitsaufnahme
Mair, Walter:
Osttirol : ein Bildwanderbuch / Walter Mair. –
3. Aufl., 12.–14. Tsd. –
Innsbruck ; Wien : Tyrolia-Verl., 1993
ISBN 3-7022-1633-2

Gesamtherstellung in der Verlagsanstalt Tyrolia
Gesellschaft m.b.H., Innsbruck

Inhalt

Zu diesem Buch

Für die Osttiroler Täler und Berge hat sich dieses Bildwanderbuch entschieden, für die Naturschönheiten unseres Landes.
Die herrlichen Berglandschaften ins Wort zu bändigen und dabei noch eine begrenzte Auswahl treffen zu müssen, war eine nicht immer leicht lösbare Aufgabe. Von all den Herrlichkeiten zu schreiben, die bereits nah unserer Haustüre sich offen entfalten; die Bergwiesen, die einmal grün, dann gelb gefärbt sind, die zitternden Baumkronen der Wälder bis hin zu den stürmischen Wassern, die ihre große Stunde beim Fall über den Steilfels erleben, bis zu den Almen, wo wieder mehr als bisher der mager belohnte Bauernfleiß spürbar ist, und auf Schutzhütten, die für knappe drei Monate Tür und Fenster öffnen.
Von besonderem Reiz ist das Hochgebirge, das seine Schönheit nicht ohne Anstrengung preisgibt. Wer hat einmal den Berg erlebt, vom ersten Licht, das der frühe Morgen auf allen Höhen hißt, jenes neugierige Licht, das auf den Kämmen erwacht und auch uns erfaßt und eine ganz eigene Beziehung zur Natur und zum Gebirge schafft.
Das Bergsteigen ist zu einer viel geübten Betätigung geworden, und für manchen mag es ein Schritt vom sinnlos aufpolierten Konsumverhalten hin zu einer erfüllteren Lebensgestaltung, ja sogar eine echte Lebenshilfe sein.
In 67 Kapiteln mit 57 Touren und Wanderungen wird mit Bild und Text versucht, die Täler und Berge etwas auszuleuchten, die jenen großzügigen Freiraum schaffen, der auch der Jugend heute eine gute Alternative ist. Ebenso werden die eiligen Menschen angesprochen, denen Erholung und Freude am Berg eine willkommene Abwechslung sind. Sie finden, den einzelnen Kapiteln angefügt, Kurzfassungen vor, die mit wenigen Blicken das Wesen der vorgestellten Bergfahrten oder Wanderungen verraten.
Ein wenig Freude schüren, etwas Liebe wecken für unser kleines Land, das wollte ich mit diesem Buch erreichen. Einen Weg in die Bergwelt aufzeigen, die gebietsweise wenigstens einmal ein Teil des Nationalparkes Hohe Tauern zu werden verdient.
Unsere Berge verbürgen Erlebnis und Abenteuer – ohne um die halbe Welt gereist zu sein.

Empfohlene Wanderkarten:
Tyrolia-Wanderkarte 1 : 50.000: Lienz
Alpenvereinskarten 1 : 25.000: Granatspitzgruppe, Nr. 39; Schobergruppe, Nr. 41; Glocknergruppe, Nr. 40; Venedigergruppe, Nr. 36; Lienzer Dolomiten, Nr. 56
Freytag u. Berndt 1 : 50.000: Defereggen- und Virgental, Nr. 123; Lienz – Matrei, Nr. 181; Lienzer Dolomiten – Lesachtal, Nr. 182
1 : 100.000: Hohe Tauern (Schutzgebiet des ÖAV), Nr. 12

Walter Mair
Lienz, im Frühjahr 1984

Vorwort zur 3. Auflage

Mit heimlicher Freude darf ich feststellen, daß dieses Osttirol-Bildwanderbuch bereits viele Freunde gefunden hat. Einheimischen wie Gästen dient es als Anregung und Nachschlagewerk.
Wenn nun eine geringfügig veränderte und, wo notwendig, verbesserte Neuauflage vorliegt, so begleitet sie gewiß der Wunsch, weiterhin den Leser zu erfreuen und auch Informationsquelle zu sein. Zudem bin ich persönlich gerne bereit, den Benützer des Buches auf Anfrage (A-9900 Lienz, Minekugel 6) über etwaige Weg- und Steigänderungen bzw. Neuanlagen in Kenntnis zu setzen.
Es verbindet aber auch die Hoffnung mit diesem Buch, daß unser liebenswerter Bezirk mit seiner Landschaftsvielfalt eine Oase im Herzen Europas bleiben kann. Gewagte Erschließungen und gewaltsame Veränderungen mögen diesem, auf hartem Fels gewachsenen Erdenwinkel erspart werden.

Walter Mair

Wollgras in verborgenen Bergwinkeln – letzter Schnee aus seidigen Blütenköpfchen.

Das Dolomitenstädtchen Lienz, eine Perle im Schoß der Gebirge

Wo Drau und Isel sich vereinen, liegt zwischen den sonnhellen Dolomiten im Süden und den blaugrauen Vorboten der Zentralalpen im Westen und Norden – auf Tirols größtem Talboden – Lienz. Aus vier Richtungen, auf Straßen und Schienen erreichen wir die Stadt, und eiligen Gästen steht ein kleiner Sportflugplatz zur Verfügung.
Das erste Lienz, um 1030 urkundlich erwähnt, entstand um die heutige Stadtpfarrkirche St. Andrä, während bei Aguntum östlich von Lienz früheste Besiedlung nachweisbar ist. Das im Mündungsgebiet des Debantbaches freigelegte Aguntum war westlichstes Zentrum des einstigen Königreiches Norikum. Die Grafen von Görz festigten ihren Anspruch im 12. Jahrhundert im Bereich des heutigen Hauptplatzes, dort entstand ein „Burgum“, in dem sich bald schon zu hohen Abgaben verpflichtetes handels- und gewerbetreibendes Volk ansiedelte. Das bürgerliche Lienz etablierte sich am jetzigen Johannesplatz, und außerhalb der um 1311 neu errichteten Stadtmauer bildeten sich „Vorstädte“, die sich westlich in Richtung Schloßberg ausdehnten. Dort bauten die Grafen von Görz um 1250 Schloß Bruck auf felsigem Sockel und von Mischwald umgeben; bis 1500 war es Haupt- und Residenzschloß. Weitere geschichtliche Phasen werden von den Freiherrn von Wolkenstein-Rodenegg, dem Königlichen Damenstift in Hall in Tirol und auch von der napoleonischen Ära geprägt.
Lienz wird 1814 provisorische Kreishauptstadt und findet 1871 durch den Bau der Pustertaleisenbahn Anschluß an die Welt nach außen. Sie stärkt die Wirtschaft der inzwischen jungen Bezirkshauptstadt in einem Maße, wie es später nur die 1967 eröffnete Felbertauernstraße als kraftvolle Lebensader zu wiederholen vermochte.
Sommer und Sonne haben nicht nur in Lienz ein freundliches Zuhause, sie streuen Wärme und Licht auch in die weitverästelten Täler und Bergfurchen, die voll Gegensätzlichkeiten sind. Da das stille Tal, kaum bekannt, durch nichts entzaubert, dort Hütten und Wege für Erholungsuchende und dazwischen Fremdenverkehrszentren, die mit das Bild Osttirols bestimmen. Wir begegnen ganz eigenen Kulturlandschaften und dem sinnvollen Ineinandergreifen von Größe und Schönheit der Natur, die am deutlichsten in den Bergtälern sichtbar wird.
Die traditionsbewußten Bewohner unseres kleinen Landes, die saubere, natürlich gebliebene Umwelt sowie die grünen, von fleißigen Händen urbar gemachten Täler haben Osttirol zu einem Ferienland ersten Ranges erhoben und Lienz, das in seinem Herzen jung geblieben ist, zu einem liebenswerten Bergsteigerstädtchen gemacht. Mittelpunkt ist der Hauptplatz, auf dem im Sommer eine blumenprangende Fußgängerzone das geschäftige Treiben gut überspielt. Dreimal ziehen pro Woche schwungvoll Blasmusikkapellen ein, deren Melodien flüssig und volkstümlich sind und in den weiten Raum des Sternenhimmels tönen.
Lienz hat sich durch hohe finanzielle Opfer zu einer anerkannten Schulstadt etabliert. Stetes Bemühen schuf auch jenen Rahmen, der dem bodenständigen Kulturgut und -schaffen genügend Raum läßt, andererseits aber auch das Kunstgeschehen von außen entsprechend berücksichtigt.
Mit dem immer größeren Angebot auf sportlicher und touristischer Basis entfaltet sich auch die Breitenerscheinung des Bergsteigens, die besonders in Lienz in mehreren alpinen Vereinigungen ihren Widerhall findet. Hier haben sich als Vorläufer der Bergsteigerbewegung jene Erschließer angesiedelt, die schon in der zweiten Hälfte des 19. Jahrhunderts den sieghaften Einzug des Alpinismus in unserem Bergraum stark beeinflußt haben.
Besonderes Interesse gilt den Felsgipfeln der Lienzer Dolomiten, die hoch über steil aufragenden Wäldern im aufrötenden Licht am Morgen und im letzten Erglühen am Abend am schönsten sind. Ein Eldorado der Kletterer sind der zentrale Dolomitenstock und eine auch der jungen Bergsteigergeneration ans Herz gewachsene Heimat.
Diese längst vertraut gewordene Bergwelt vor den Toren unserer Stadt vermag mit ihrem unermeßlichen Formenreichtum vor allem der Jugend ein vielversprechendes Betätigungsfeld zu sein, wo Freundschaft auch auf felsigem Boden blüht. Alle Sinne für das Schöne gilt es aufzumachen und es in sich aufzunehmen, um ein wenig vom Glück zu kosten, das aus lauter kleinen Freuden sich zusammensetzt. Mit ausgewählten Mosaiken will dieses Buch versuchen, ein Bild zu gestalten, das Einheimischen wie Gästen etwas von Lienz und der Osttiroler Bergwelt erzählt.

Lienz, von Grün und Birkengold umschlossen – zwischen hohen Bergen geborgen.

Pflanzenwunder am Alten See

1

Stimmen wir uns ein, bevor die hohen Berge rufen und die große Wanderung durch unsere Landschaftsparadiese und durch dieses Buch beginnt. Zwei stadtnahen Naturschätzen gilt unser erster Besuch.
Ein botanisches Kleinod ist die interessante und auf engstem Raum lebende Pflanzenwelt im Bereich des „Alten Sees". Unmittelbar unter der aus Hauptdolomit sich aufbauenden Tristacher Seewand, wo im Winter gewaltige Grundlawinen aus 200 m Höhe in freiem Fall donnernd in den Wald schlagen, liegt das stille Gewässer, das Quellgebiet des viel größeren Tristacher Sees. Die von üppigen Seggenpölstern und dichten Schachtelhalmrasen umrahmte dunkle Wasserfläche birgt mit dem schmalen Uferstreifen 70 Arten von Blütenpflanzen, wobei fünf mit ihrem Standort nur hier als Rarität in ganz Österreich gelten. Bis 1977 sind in Osttirol etwa 30 Naturdenkmäler unter Schutz gestellt worden, unter denen der Alte See zu den wertvollsten zählt.
Die eigentliche Flora schreitet blühend an den Ufern und seichten Moorstellen entlang und noch aus der Mitte des Wassers erheben sich Wollgras und bodenständige Wasserpflanzen. An einer unzugänglichen Stelle liegt reglos ein uralter Baumstamm, von Moosen und Algen wie Grünspan dünn überzogen. Gleich daneben hat ein verirrter Windstoß Sumpffarne und Igelkolben geknickt, und direkt vor uns stehen, in schüttere Gruppen geteilt, wenig beachtete Verlandungspflanzen. Dieses urtümliche, gespenstisch aus der Dämmerung tretende Reich hat auch die den Alten See umschließende Waldlandschaft erfaßt, in der der Herbst mit bunten Farben spielt. Alle heimischen Gehölze sind hier vertreten und vereinzelt stellen sich mit elastisch biegsamen Stämmen und lederartiger Rinde auch Eiben vor, aus deren hartem und harzlosem Holz im Mittelalter Bögen und Armbrüste gefertigt wurden. Gewiß auch Waffen, wie sie auf Ernburg Verwendung fanden, von der nordseitig der heutigen Seeauffahrt nur mehr abgebröckelte Fragmente vorhanden sind. Den artenreichen Bewuchs begünstigt auch der geologische Aufbau, der um den Alten See sich aus sechs verschiedenen Gesteinen zusammenfügt. Dieser für Osttirol einmalig rasche Wechsel zeigt an den höchsten Stellen des Waldrückens Felsblöcke aus Muschelkalk, während sich in den übergrünten Senken Sandsteine, tonige Schiefer, rötliche Konglomerate und Gneise verbergen.

Wegverlauf in Kurzfassung
Von Lienz, 673 m, über Amlach (2 km) führt die Straße zum Ulrichsbühel, einer Kapelle an der Gemeindegrenze Amlach/Tristach. Von dort auf der Bergstraße (1,5 km) zum Tristacher See (höchster Badesee Osttirols) oder am Waldlehrpfad in einer ¾ Std. direkt zum Alten See. Eine weitere Bergstraße führt von Lienz über Tristach (2 km) zum Badesee mit großer Liege- und Campingwiese.

Der Alte See – ein Naturdenkmal südlich von Tristach.

Die Erdpyramiden am Eggenweg

2

Etwa einen Kilometer östlich von Dölsach steht am vorbeibrausenden Gödnacher Bach die Kirche zum hl. Georg. Sie ist älter, als überlieferte Hinweise von 1425 aussagen, wohl römischen Ursprungs? Bei ihr vorbei führt der asphaltierte, mit 3 bez. Weg, der nach einer schwungvollen Kehre zum obersten Gehöft Fasching reicht. Noch knapp einen Kilometer steigen wir aufwärts, bis uns der nach links abbiegende „Eggenweg" auf stille Lärchenwiesen geleitet. Ein alter Heustadl mit schönem Holzkreuz träumt neben dem Waldweg, der zaungesäumt über Wiesen und durch schattigen Wald emporführt. Nach Klebelsberg befinden wir uns im Moränenbereich des Mölltalgletschers, der während der großen Vereisungszeiten über den Iselsberg sich mit dem Eisstrom aus dem Iseltal verband. Der mächtigste Zungenvorstoß reichte bis zum Wörthersee, wie auch an vielen Talformungen ablesbar ist. Man kann noch das gedämpfte Geläute der Gödnacher Kirche wahrnehmen, wenn wir auf die sogenannten Oberegger Wiesen gelangen, die einmal fruchtbarer Kulturboden waren und heute verlassen sind, wie die verwilderten Obstbäume mit Wehmut klagen. Wir haben die steile Abbruchstelle mit den Erdpyramiden erreicht, die als die besterhaltenen in Osttirol bezeichnet werden. Die steilen, kegelförmigen Erosionsformen sind mit Bäumen und Wurzelgeflechten auf ihren Spitzen bewachsen und somit vor schneller Abtragung geschützt.
Der Besuch der Gödnacher Erdpyramiden kann auch zu einer dreistündigen Rundtour ausgeweitet werden. Dabei empfiehlt sich der weitere Anstieg am mit 7 numerierten Eggenweg bis zur breiten Forststraße vor dem Zwischenbergensattel. Talwärts führt sie nach Stronach, dem Heimatort des Malers Franz v. Defregger, dessen künstlerisches Wirken noch in das 20. Jahrhundert hinüberreichte. Defregger, geb. 1835 in Stronach, gest. 1921 in München, suchte seine Themen hauptsächlich in den Tiroler Freiheitskämpfen und im bäuerlichen Leben. Defreggers Naturalismus, der auch im Landschafts- und Porträtbild zum Ausdruck kommt, mündet in eine schildernde Kleinmalerei, die keine großen Probleme aufrollen wollte.

Wegverlauf in Kurzfassung
Von Lienz gegen den Iselsberg, dort beim Gasthof Dolomitenblick nach Stronach, 1105 m, abbiegen (1,8 km). Auf sonniger Hangterrasse siedeln einige Berghöfe mit der Kapelle zu Unserer Lieben Frau von Lourdes. Ein Forstweg (Schranken, Maut) reicht bis zum Zwischenbergensattel, 1459 m, 1¼ Std., und der mit 2 bez. Weg zum Anna-Schutzhaus am Ederplan. Zwei Wegkehren vor dem Sattel, Abzweigung des Eggenweges (Nr. 7) zu den Erdpyramiden, 20 Min. Der familienfreundliche Anstieg von der Gödnacher Georgskirche ist in 1½ Std. leicht zu bewältigen. Nicht zu nahe an die Abbruchstellen herantreten!

Der Däumling unter den Erdpyramiden – bizarre Welt oberhalb von Stronach.

Im Reich der Kare und Wände: Dolomitenhütte – Karlsbader Hütte

3

Erwartungsvoll möchten wir die hellgrauen Berge im Laserz erleben, jene herrlichen Felsmonumente, die der Rauchkofel eigensinnig uns Stadtmenschen verstellt. Von Amlach aus, das 2 km südwestlich von Lienz liegt, wollen wir das Geheimnis lüften. Amlach, aufgeräumt und blumenfreudig, war schon vor der Jahrhundertwende bekannt und geschätzt. Wiegende Fichten- und Föhrenwälder umgeben im weiten Halbkreis die Häusergruppen, während ostseitig das freie Land und blauglänzende Ackerfurchen bis in die Vorhöfe reichen. Das öffnet der Sonne den Weg durch den Vormittag, bis sie zu vorgerückter Stunde von den felsigen Höhen des Spitzkofels herunterschaut. Zum ältesten, etwas abgelegenen Ortsgut zählt die Galitzenschmiede, bei der Mündung der romantischen Galitzenklamm, wo bis in die Mitte des 19. Jahrhunderts eine weitum anerkannte Werkzeug- und Hackschmiede in Betrieb stand.

Beginnen wir die Dolomitenwanderung beim Goggkreuz auf uraltem Steig. Eingefaßt von Wurzelornamenten und tiefsitzenden Steinen windet sich der Goggsteig höher, überquert die Rodelbahn und gewährt bald schon schöne Tiefblicke auf Amlach, Leisach und Lienz. Im oberen Bereich wird der Anstieg steiler; dem wirkt ein lauschiges Plätzchen mit Rastbank entgegen oder das einfache Gogghüttl, das auf der Scheitelstelle steht und über dunkle Föhrenwipfel auf die hellen Anger des Talbodens blickt. Flach und angenehm, von Nadel- und Laubbäumen gesäumt, führt der Steig in 20 Min. zum erfrischenden Blasbrünnl, und auf guten Sichtstellen darf man nicht versäumen, die Spitzkofeltürme und Laserzwand zu bewundern. Bald darauf setzen wir linker Hand über die sogenannte Nase die Wanderung fort, sie ist unbeschwerlich und führt durch abwechslungsreiche Mischwaldparzellen. Wo die Lärchen überhandnehmen und der Spitzkofel in stiller Größe auf vereinzelte Almhütten herunterblickt, ist bald der Parkplatz erreicht und der motorisierte Aufmarsch jener Touristen spürbar, die die mautpflichtige Auffahrt vorgezogen haben. Über die sogenannte Hohe Trage und durch das breite Sohlental schlängelt sich der zu einem Fahrweg verbreiterte Anstieg zur Karlsbader Hütte. Wichtige Stationen sind die Insteinkapelle der Soldatenkameradschaft Amlach-Tristach-Lavant im Zusammenwirken mit der Alpinen Gesellschaft Alpenraute, oder der Marcherstein schon im Sichtbereich der Karlsbader Hütte.

Der Rudl-Eller-Weg gedenkt des Altmeisters im Fels, ein „Weg", der ganz nah an die kühngebaute Laserzwand heranführt. Vom Parkplatz unweit der Dolomitenhütte folgen wir etwa 200 m einem Forstweg, dann ist auf den bergseitig abzweigenden, markierten Steig zu achten, der eine, mit Stahlseil versicherte felsige Hürde nimmt und einen Waldrücken erreicht, von dem wir über die ausgebleichten Schindeldächer der verträumten Weißsteinhütten, mitten ins Herz der Laserzgruppe, schauen.

Vor uns liegt mit Wald und Lichtungen der Auerling, hinter dem die breite respekteinflößende Laserz-Nordwand wuchtig emporsteigt. Wie sanft sind dagegen die Bergwiesen, die zum Auerling führen, und wie einsilbig der durch die Bäume streichende Wind. Weiter oben, auf den breit verflachten Lärchenrücken des Auerlings liegt weich in eine Mulde gebettet ein Tümpel, welcher der stolzen Keilspitze als Taschenspiegel dient. Noch gilt es einige Latschenköpfe zu überwinden und später eine 30 m hohe seilversicherte Felsrinne. Sie leitet ins große, steile Kar über, in dem etwas mühsam das Zellinschartl zugänglich ist. Der Rudl-Eller-Weg umläuft die Laserzwand westlich und streicht an den vielbesuchten „Einstiegen" des Alpenrautekamins und der Bügeleisenkante vorbei. Der tiefempfundene Eindruck himmelstürmender Felsrouten begleitet uns noch über steile Schafweiden hinunter, bis der Steig auf grünen Riegeln verflacht und noch vor der Karlsbader Hütte in den Talweg einbindet.

Wegverlauf in Kurzfassung

Von Amlach über den Goggsteig zur Dolomitenhütte 2½ Std. Familienfreundliche Wanderung. Eine Straße führt von Lienz über Tristach (2 km) zum Kreithof, 1047 m. In diesem Bereich ist eine weitere Auffahrt zur Dolomitenhütte durch Schranken und Maut behindert.

Der Hauptzugang zur Karlsbader Hütte ist am Weg in der Talsohle mit 2 Std., der Rudl-Eller-Weg über den Weißstein, 1715 m, Auerling, 2035 m, und Zellinschartl, 2098 m, mit 3 Std. bewertet.

Trittsicherheit ist erforderlich; nur bei trockener Sommerwitterung empfehlenswert. Eine kurze Stelle im Bereich der Laserzwand-Westseite ist steinschlaggefährdet (Tafeln).

Beste Jahreszeit: Juni bis Oktober.

Törlkopf und der kantige Felsfirst des Seekofels – Kletterberge im Laserz.

Am Dreitörlweg durch den östlichen Dolomitenwinkel

4

Eigentlich ein Weg über vier Törln, soll doch der ostwest-gerichtete Höhenweg zu allen drei bedeutenden Hütten der Lienzer Dolomiten führen. Mit dem Kerschbaumertörl, das die Karlsbader mit der Kerschbaumerhütte verbindet, gewinnen wir einen landschaftlich reizvollen Abschnitt hinzu. Wenn am frühen Morgen die Sonne noch schlaftrunken über das Felsenreich blinzelt und in der Laserzwand noch finstere Schatten kleben, ist das Kerschbaumertörl schon längst in helles Licht getaucht. Der Simonskopf, hoch im sogenannten Mohammedanerkar, überragt mit dem kleineren Törlkopf den Übergang, beide weisen ähnliche Charaktermerkmale auf, ist ihnen doch der steile wandartige Aufbau zu eigen. Im Kontrast zum gewaltigen Fels zieren das Kerschbaumertörl zahlreiche Bergblumen, die im Schutt der Schattseite ein strenges, gegenüber in den Sonnenhängen ein geborgenes Zuhause haben.
Schmuckstück des Dreitörlweges ist der in einer 11 Meter tiefen Karwanne sich sammelnde Laserzsee, an dessen talseitigem Uferriegel aus der einst schlichten Leitmeritzer Hütte die Karlsbader Hütte der achtziger Jahre entwuchs. Lang in den Sommer hinein ist der große Laserzsee schneeumrandet und mit eisigen Schollen bedeckt; selten steigt die Wassertemperatur über 12 Grad an. Wen bei diesem Gedanken friert, dem sei der Anstieg zum Laserztörl angeraten, das auf steilem Schuttsteig oder Schnee zugänglich ist. Vor uns im Osten ragt fern der Hochstadl auf und manch unbekannter Gipfel, der, von felsigen Graten gestützt, in der rätselhaften Dolomitenlandschaft steht. Vom Laserztörl steigen wir östlich in kurzen Kehren 20 Minuten auf den „Sandanger", der obersten Verebnung im Lavanter Almtal, ab. Rechtshaltend wird, nachdem der Östliche Wilde Sender weit genug zurückgetreten ist, der blanke Felsspiegel der Grubenspitze hoch im Lavanter Kar sichtbar; weiter in unserer Marschrichtung auch das Kuhleitentörl, das im Geröll und auf Halden des Sandkares erreichbar ist, wo uns fingerartige Nadeln stumm empfangen. Nur noch das flache Baumgartenkar trennt vom gleichnamigen Törl, nach dessen Überschreitung der Steig links in Richtung Hochstadl schwenkt. Auf seinem Südwestfuß teilt sich der Steig; bergwärts, zum Gipfel, leitet der Südkammweg, während der die Nr. 213 tragende Ast den Hochstadl südlich umläuft. Bald bietet sich eine vortreffliche Raststelle bei einem kleinen Tümpel an, der noch oberhalb des Badstübelkares liegt und einen großartigen Tiefblick in den dicht bewaldeten Pirknergraben zuläßt. Der Badstübelbach wird nach links übersetzt, und in lockeren Latschenhängen entbrennen spät im Jahr halbhohe Lärchen. Im Bereich mehrerer Wegtafeln biegen wir nordwärts, bis an die romantische Unholdenalm das Hochstadlhaus anschließt.

Wegverlauf in Kurzfassung
Die heute gebräuchliche Route, 4–5 Std., verbindet die Karlsbader Hütte, 2260 m, mit dem Hochstadlhaus, 1780 m, im Ostflügel der Lienzer Dolomiten. Das Laserztörl, 2497 m, ¾ Std., das Kuhleitentörl, 2283 m, und Baumgartentörl, 2380 m (2½ Std. von der Karlsbader Hütte), sind in schneearmer Jahreszeit unschwierig überschreitbar (markierte Steiganlage). Im Abschluß wird der Hochstadl auf seiner Süd- und Ostseite umschritten (Wegbez. 213, zum Gipfel 218), vom Hochstadlhaus breiter Forstweg nach Pirkach bei Nikolsdorf, 2½–3 Std.
Beste Jahreszeit: Juli bis September.

← Das Kerschbaumertörl
→ Die Weittalspitze, über deren windgekämmte Westflanke der Normalweg zum Gipfel führt.

Die Kerschbaumeralm, ein herrlicher Vorgarten des Spitzkofels

5

Südlich von Lienz und hoch über Amlach gehoben, streckt sich das Kerschbaumertal bis zur naturbelassenen Kerschbaumeralm. Der Zugang ist im oberen Bereich schön und geheimnisvoll: Etwa beim Klammbrückl, wo der Galitzenbach die weitum eindrucksvollste schmale Schlucht durchtobt; am Eingang zur Alm fräst der Bach als funkelnder Wasserfall den Felsen. Zwischen sommergrünen Lärchen steht seit mehr als einem Menschenleben die alte Almhütte mit Stall und etwas höher überragt der spitze Giebel des Schutzhauses die Lärchenwipfel. Im gefälligen Kontrast, nur in den Konturen härter, umstellt ein weitbogiger Felskranz den sanft gewellten und talwärts geneigten Almboden. Die Große Gamswiesenspitze beherrscht den Horizont im Osten und birgt eine bis zum Gipfel reichende, botanisch interessante Blaugrashalde. Zur Rechten trennt das Kerschbaumertörl vom Simonskopf. Die Westfront bilden der Spitzkofel als Hausherr und der Kreuzkofel, der einsam und vergessen ist, obwohl er früher seinen Namen der ganzen Gruppe lieh.

Südlich ragt mit einem gewaltigen Verwitterungsrücken die Weittalspitze auf. Andersartig gegliedert schließen westwärts die filigranen Türme des Eisenschusses an. Die bizarre dichtgereihte Kette weicht im strukturellen Aufbau von den mehrheitlich vorhandenen Großformen der Lienzer Dolomiten etwas ab und verhilft einer schon vergessenen Legende ans Licht. Ihr zufolge sei einmal die getreulich gepflegte Alm von einer wilden Sippe heimgesucht worden, die alles blühende Leben auf Wiesen und Weiden zu zerstören suchte. Da sie zudem auch das Vieh quälten, setzte sich der Alphirte mutig zur Wehr. Unterlegen im Kampf und im Zorn verwünschte der Hirte die ungezügelte Schar, die ihn noch von den südlichen Anhöhen herab verhöhnte. Von ihrem Frevel eingeholt, stehen sie dort noch heute, zu Türmen und Säulen versteinert. – War es Zufall, oder im Fluch des Alphirten weitsichtig vorausgeahnt, daß am Ostende der Turmreihe noch eine breite Lücke klafft? Platz genug für ein zu Fels erstarrendes Mahnmal, sollte jemand das herrliche Landschaftsidyll der Kerschbaumeralm zu seinem Nachteil verändern wollen.

Der Spitzkofel, der Hausherr, spaltet sich in fünf große Türme auf, gebaut aus steilgestellten Dolomitschichtplatten. Ein geologisches Gegenstück bildet das Hallebachtörl, ein sogenanntes „Fenster“, in dem unter dem Hauptdolomit die leicht verwitternden Raibler Schichten und noch tiefer der Wettersteinkalk hervorschauen. Die Formung der großflächigen Kerschbaumeralm mit dem gleichnamigen Tal zeigt deutlich Spuren der eiszeitlichen Vergletscherung. Der Isel-, Drau- und Gailtalgletscher umschlossen die Lienzer Dolomiten bis auf eine Maximalhöhe von 2100 m. Die Lokalgletscher, besonders jene der großen, schattigen Mulden, gingen zwar im gesamten Eisstrom auf, blieben aber nach dessen Rückzug länger bestehen. Im Kerschbaumertal reichte der Gletscher bis zum Klammbrückl, wo an der hoch angeschnittenen Wegböschung die Ufer- und Stirnmoränen sichtbar werden.

Zum Spitzkofel führt ein gut markierter Steig durch landschaftlich schöne Hochweiden, die stark kupiert sind und eiszeitliche Spuren tragen. Über das Hallebachtörl münden wir in das Hallebachtal ein, welches auf Schutt im obersten Haldenbereich gequert wird, bis am Südfuß des Spitzkofels die leichte Kletterei beginnt. Man achte beim „Einstieg“ auf einen markierten Pfeil und vermeide, den Schuttarm bis oben anzusteigen. Fallweise ist das Schrofengelände mit Stahlseilen versichert und geradlinig steht über uns auf schmalem Felsgrat die Linderhütte. Eine grüne Markierung weist nach rechts, und mit Stahlseilhilfe gelangen wir in die Einschartung, aus der über versandeten Fels der Gipfel mit Kreuz bald erreicht ist und wir jenen Überblick gewinnen, der einem Hausherrn angemessen ist.

Wegverlauf in Kurzfassung

Von Lienz über Amlach oder Leisach ist der Stadtweg (Bez. 10) erreichbar, der in Kehren und hoch über dem Galitzenbach zum Klammbrückl, 1096 m, führt (kleiner Parkplatz, Schranken). Der Forstweg dringt noch etwa $1\frac{1}{2}$–2 Gehstunden in das von Buchen bestockte Kerschbaumertal und 1 Std. trennt uns am alten Almweg vom Kerschbaumer-Schutzhaus (insgesamt 3 Std.), einem überaus kinderfreundlichen Wanderziel.

Der Spitzkofel, 2718 m, 3 Std., ist über das Hallebachtörl, 2399 m, 1½ Std., und Linderhütte, 2684 m, 1 Std., für trittsichere Bergfreunde ein großes Erlebnis. Zum Gipfel ca. ¾ Std. Erwähnt muß werden, daß das Draukraftwerk am nördlichen Felsfuß des Berges liegt und der städtische Wald im Kerschbaumertal 1986 zum Landschaftsschutzgebiet erklärt wurde.

Die Herbstsonne streift die Laserzwand und die Spitzkofeltürme.

Historische Wallfahrtsstrecken nach Maria Luggau

6

Lavant, mit sehenswerten, historischen Kirchen, liegt 7 km südöstlich von Lienz. Bereits vor mehr als 200 Jahren führten Wallfahrten über das Lavant-Luggauer Törl, entweder einzeln oder in jüngster Zeit in größerem Umfang von der Lavanter Landjugend organisiert. Mit dem religiösen Charakter der Wallfahrt paarten sich gelegentlich auch private Gründe, daran teilzunehmen, und so mag die Pilgerfahrt vereinzelt ein willkommener Vorwand gewesen sein, bei der Paterswirtin in Maria Luggau einzukehren.

Der beliebteste Wallfahrtstermin fällt auf den September und auf das letzte Luggauer Hochfest. Die Prozession strömt am Forellenhof vorbei zur letzten östlich von Lavant gelegenen Häusergruppe. Ein geschotterter Weg tritt unter das hohe Dach eines Föhrenwaldes, in dem bäumchenbildende Wacholder unter Schutz stehen und die Feuerlilie im borstigen Dickicht glüht. Oberhalb eines riesigen Schotterwerkes und 2 Minuten vor den Stufenfällen des Frauenbaches beginnt der weit ins Lavanter Alptal vorgetriebene Weg, doch empfiehlt sich nach 30 Minuten Anstieg der alte Steig, der unter Buchen zu den Latschenhängen am Fuß der eindrucksvollen Hochstadl-Nordwand führt. In der vom Frauenbach durchdrungenen Felsszenerie streift der Steig über uferbildende Schuttbänke und windet sich die Lärchenstufe zur Lavanter Alm hinauf.

Nur ungern verlassen wir das traumschöne Plätzchen, um halbrechts höher zu steigen, bis oberhalb der Baumgrenze die Rasenhänge in Halden überfließen. Das Lavant-Luggauer Törl finden wir rechts der auffälligen „Grubenwand", und knapp zuvor noch Stellungsreste aus dem 1. Weltkrieg. Vom Scheitelpunkt unserer Bergwanderung wird das südwestlich gestuft abfallende Wildsendertal auch Wiesental genannt. Eine Bezeichnung, die der Kärntner Ortsteil Wiesen eher beeinflußt hat als die ungezählten Petergstamm-Vorkommen, die sattgelbe Primula auricula, die in freundlichen Scharen die steilen Bergwiesen bevölkern. Wir halten uns absteigend besser im rechten Talbereich und sind froh, nach 1½ Std. auf dem vom Zochenpaß kommenden Steig zu stehen. Zweimal wird der Bach überquert und unter schattigen Buchen klingt die Wanderung auf breitem Weg und später auf sonnigen Lichtungen beim Tuffbad aus.

Der Weg über den Kofel erzählt eine tiefere Geschichte als die über den „Zochen" nach „Luggau" gewählte Wallfahrtsstrecke. Ursprünglich waren das Kühbodental und der Kofel ein Eldorado für große Gamsrudel, weil Unzugänglichkeit und Ruhe das hochgehobene Tal abschirmten. Da gediehen in langen Zeiträumen auch prächtige Lärchen, auf die man sich besann, als um 1865 bis 1871 der Eisenbahnbau durch das Pustertal Arbeit und bescheidenen Wohlstand brachte. Das für dieses Jahrhundertwerk benötigte Schwellenholz wurde händisch und maßgerecht u. a. auch im Kühbodental geschnitten und auf dürftig angelegtem Steig zu Tal befördert. Auf Grund unfallfreier Tätigkeit stiftete Dapra, ein Sägewerksbesitzer in Lienz, ein Kreuz, das am Eingang in das Kühbodental unübersehbar ist.

Beim Luggauer Brückele, 7 Kilometer südwestlich von Lienz, beginnt die Wallfahrt am schattseitigen Drauufer, neben einer Schottergrube. Relativ steil setzt der gelb markierte Weg an und verflacht zwischendurch, ehe beim Leisacher Bach erneut ein steiler Waldanstieg zum erwähnten Daprakreuz leitet, das hoch über der Bachschlucht auf einem reichverzweigten Föhrenbaum wacht. Wo das Kerbtal nach Osten abbiegt, ist auf verbeulten Tafeln der Hinweis zum „Kofelpaß" zu beachten. Ein schütterer Waldhang und seilgesicherte Geröllrinnen führen auf den frei und der Sonne überlassenen Paß. Südseitig nimmt uns der breite Forstweg in das Eggental auf, und noch vor der Lotteralm, einer in Rauch getauchten Latschenbrennerei, dürfen wir die Steigabzweigung nach links über den Eggenbach nicht übersehen, um über Guggenberg nach Maria Luggau zu gelangen.

Die Wallfahrtskirche wurde 1613 als Kapelle gegründet und nach einem Brand 1740 in gotischem Stil wieder erbaut. Franziskaner betreuten das

↑ *Das erste Morgenlicht weckt das felsige Spitzkofelreich. Das Tal schläft noch.*
← *Auf den Almen ist spürbar, daß dort gläubige Menschen wohnen.*

Gotteshaus bis an die Schwelle des 19. Jahrhunderts, ehe sie von Serviten abgelöst wurden.

Wegverlauf in Kurzfassung
Lavant, 675 m, am Bergfuß des Hochstadls, ist Ausgangspunkt in das Lavanter Almtal. Gut 1 Std. ist die Forststraße benützbar, im Anschluß der alte Talweg zur Lavanter Alm, 1860 m (insgesamt 3 Std.). In etwa gleicher Richtung liegt rechts der auffälligen Grubenwand das Lavant-Luggauer Törl, 2250 m, 2 Std., das steiglos den Abstieg durch das Wildsendertal (Wiesental) erlaubt, 1½ Std. Die restliche Gehstunde am Zochensteig zum Mineralheilbad Tuffbadl, 1262 m; nach St. Lorenzen im Lesachtal 3 km. Der Weg über den Kofel, 1880 m (Herta-Jagdhütte, Paßkreuz), setzt beim Luggauer Brückele, 7 km südwestlich von Lienz an. Beim Daprakreuz, 1½ Std. (Hochspannungsleitung), liegt die ärgste Steilheit hinter uns. In sanfter Steigung zur Talkrümmung (Nr. 212) und noch einmal steiler zur Paßhöhe, 1½ Std. Südlich in das Eggental ist bis knapp vor die Lotteralm der breite Weg benützbar, 1 Std. Dann Abzweigung nach links (blauweiß) und jenseits der Kärntner Grenze nach Guggenberg, 1405 m, 1 Std., und weiter absteigend nach Maria Luggau (insgesamt 5 Std.).

Bergwiesen und Karseen im Vorfeld der Schleinitz

7

Die Lienzer Alm nennen Liebhaber das Zettersfeld, das 1200 Meter über Lienz und dem von Isel und Drau durchströmten Talboden liegt. Einer nüchternen Statistik zufolge verbucht das Zettersfeld die meisten Sonnenstunden Österreichs, dies mag neben dem eindrucksvollen Bergpanorama ein wesentlicher Grund sein, daß einige Dutzend privater Almhütten sich im Lärchen- und Fichtensaum angesiedelt haben. Im Zentrum dominieren gastfreundliche Beherbergungsbetriebe, vor deren Haustüren die Gondelbahn-Bergstation und mehrere Liftanlagen das winterliche Zettersfeld prägen. Überall gut präparierte Pisten und belebte Skihänge. Trotzdem nur ein Schritt in die sanften Wogen des Tiefschnees mit silbernen Spuren, die in die Weite der schweigenden Bergwelt führen.

Kehren wir in den Sommer zurück, in die glühenden Alpenrosenräume des Zettersfeldes und auf jenen Steig, der zu den Neualplseen und auf die schon sichtbare Schleinitz, den Hausberg der Sonnseite, führt. Dem Mandllift zur Seite wandern wir die Bergwiesen mit betörend riechenden Blütenköpfen hinauf zur Stieralm, deren Hütte, ein in ihren Proportionen völlig mißlungener, umzäunter Holzbau, schmal und hoch wie ein Kornkasten im weitläufigen Grün steht. Dafür überrascht der Blick auf den Talboden und zu den Lienzer Dolomiten. Bald wandern wir bei den zyklopischen Steinen des „Goldenen Pfluges“ vorbei und links des Schoberköpflliftes weiter auf die Höhe der Neualplschneid. Eine Panoramatafel verrät die Namen der nähergerückten Gipfel der Schobergruppe und lädt ein, den Weg in Richtung Gösselmandl fortzusetzen.

Umschreiten wir den stumpfen Rasenkegel nördlich, dann entdecken wir im stillen Kar einen felsumrandeten, kleinen See, ein geschwätzig-schnelles Bächlein und in einer schmalen Mulde wohnlich eingerichtet Tisch und Sitze aus Stein. Über Rasenbänke und angenehm flache Voruferzonen gelangen wir zu den Neualplseen, im östlich sich ausbreitenden Schoß der Schleinitz. Stumm und unbewegt liegen mehrere Seen zwischen Fels und Rasen und träumen unter dem tiefgewölbten Himmel, der auf breiten Bergschultern ruht. Am Ufer glänzen noch vom Tau der Nacht benetzt kantige Blöcke, grau und hell durchädert, manche mit Flechten und Moosen überwachsen – ein familienfreundlicher Rastplatz. Da und dort lächelt aus dem Rasenpelz eine Frühlingsanemone, die in grenzenloser Geduld, geadelt von den Schwernissen ihres Daseinskampfes, ihre Schönheit ganz im stillen verbreitet.

Hin und wieder stören all den Glanz schwere Wolkenbänke, die sich die Schleinitz auf das Haupt stülpt und die dann dunkle Schatten auf das grobe, weite Ostkar werfen. Dorthin vertrauen wir dem markierten Steig, der sich am Südufer der Neualplseen vorbeistiehlt und vor den mittelsteilen Blockhalden nicht haltmacht. Das Gipfelkreuz trägt die Schleinitz auf dem leicht nach vorne abgeschrägten Südfirst. Das Buch ist randvoll mit eigenwilligen Schriftzügen.

Eine Schleinitzrundtour, die zu einer richtigen Seenwanderung wird, kann bei gutem Wetter und entsprechender Kondition vom Schleinitzgipfel aus die weitere Bergfahrt stimmungsvoll durch den ganzen Sommertag führen. Wir nützen den Westabstieg, der 20 Meter oberhalb des Kreuzes den Gipfel verläßt. Die Markierung führt uns über ein breites Erdband und schwenkt in eine schuttüberrieselte Rinne, die nach unten in eine Blockhalde ausläuft. Nach weiterem Abstieg weist eine Wegtafel rechts an das Ufer des Kleinsäbelsees, dessen Blau vom brüchigen Felszaun des Schleinitz-NW-Grates begrenzt wird. Inzwischen beginnt sich unterhalb unseres Steiges der 2432 m hoch gelegene Alkuser See prachtvoll zu entfalten, in dessen felsumstelltem Wasser sich die Gipfelhäupter vom Hohen und Niederen Prijakt widerspiegeln. Die Rotspitze, die das Kreuz der Gaimberger Landjugend krönt, ragt nördlich auf und bereichert den seeumschließenden Bergkranz, der nur nach Süden offen ist. 53 Meter tief ist das eiskalte Wasser mit schnellem Abfluß, der ein Stockwerk tiefer den großflächigen Pitschedboden mit unvergleichlichen Mäandern tränkt. Eine kalte Quelle verbirgt sich dort, die auch im Hochsommer 1° C nicht übersteigt. An der Wassertemperatur des Alkuser Sees mag es liegen, daß der Fischreichtum sich lediglich auf Saiblinge beschränkt, denen gelegentlich jagdlustige, junge Petrijünger nachstellen. Wir bleiben etwa 7–8 Minuten oberhalb des Ostufers, wo ein robust geschlichteter Steinmann uns Gesellschaft leistet, ehe wir in Richtung Trelebitschtörl ansteigen. Dort stehen wir am Fuß des Schleinitz-NW-Grates, der kühn verschartet mit der finsteren Nordwand verschmilzt, die noch voller Geheimnisse ist. Wir steigen östlich 20 Minuten ins Trelebitschkar mit gleichnamigem See ab und finden zwei Möglichkeiten vor, die Bergfahrt fortzusetzen: entweder den Seeabfluß, dem Lauf

Die Neualplseen im südlichen Vorfeld der Schobergruppe.

des Trelebitschbaches folgend in das Debanttal, oder bergwärts zur Trelebitschscharte, die am linken Schleinitz-Wandfuß liegt und über Altschnee den Übergang zu den Neualplseen erlaubt. Dort endet die bei guter Witterung sehr zu empfehlende Rundtour, bei der wir ein schönes Stück Schobergruppe und die Schleinitz von allen Seiten kennenlernen.

Wegverlauf in Kurzfassung
Eine Gondelbahn (712–1850 m) führt vom nordseitigen Lienzer Stadtrand auf das Zettersfeld; 2 Bergstraßen von Lienz über Thurn bzw. über Obergaimberg zur Faschingalm, 1662 m (mehrere Beherbergungsbetriebe). Die Neualplseen, 2433 m, 1½ Std., sind mit dem Doppelsessellift am Zettersfeld in der halben Zeit erreichbar und als Familienziel geeignet. In Fortsetzung des Weges ist in insgesamt 3–3½ Std. die Schleinitz auf markiertem Blocksteig erreichbar.

Die Schleinitzrundtour, 6–7 Std., erfordert Ausdauer und Trittsicherheit auf Schneefeldern. Vom Schleinitzgipfel steigen wir auf markiertem Pfad westseitig zum Kleinsäbelsee ab, und etwa 7 Min. oberhalb des Alkuser Sees, 2432 m, zum Trelebitschtörl an, 2726 m, 1½ Std. von der Schleinitz, 4½ Std. vom Zettersfeld. Aus dem Trelebitschkar zur Trelebitschscharte, 2663 m, 1 Std., und über eine Blockhalde zu den Neualplseen hinab.
Beste Jahreszeit: Juli bis September, und vorteilhaft mit einigen Begleitern.

Durch das Debanttal zur Lienzer Hütte

8

Beim schäumenden Mirnitzbach, unter dem wiegenden Dach uralter Lärchen, entstand 1892 die erste bescheidene Lienzer Hütte. Nur einer Handvoll Bergsteigern und Jägern diente der kleine Unterstand zwischen Hochschober, Glödis und Keeskopf. Diese im Aufbau steilen und kühnen Gipfel weckten das Interesse des Lienzers Rudl Eller, dem auch die Hütte in ihrer Einfachheit, in ihrer unverwüstlichen Hinfälligkeit ein liebgewonnener Ort wurde. Er selbst erzählt: „Es waren unbekümmerte Gesellen, die hier hausten und mit dem ärmlichen Inventar gut zurechtkamen. Es gab nicht mehr als heiße Herdringe zum Zubereiten einer kargen Mahlzeit und das schmale Lager für die Welt der Träume. Allein von Wert war die auf grob gefaserter Schalung aufgehängte Wanduhr, deren schweres Pendel langsam tickte, wie ein altes schwaches Herz."

1924 wurde die Hütte erstmals erweitert, vermochte auch Touristen aufzunehmen und von umzäunten Bänken konnte man bequem auf den vom Abendlicht entflammten Glödis schauen. Mehr als 50 Jahre, für viele ein Menschenleben, diente die Hütte in guten und schlechten Jahren. Dabei ist sie alt geworden, das Gestühl müde, die Schindeln grau. Nur das Lärchenraunen und der Wind vom Keeskopf sind gleich und dem bergumstellten Talschluß treu geblieben. Treu wie die Wirtsleute Grogger, die 1982 den 35sten Sommer hier verbrachten. Ein ungewöhnliches Jubiläum, dem der Hüttenwart Karl Petutschnigg auf seine Weise dankte. In kaum zwei Jahren baute er mit verläßlichen Helfern die Hütte um. Aus altem Brauchbaren und mit Neuem wurde eine stattliche Hütte, die mit behaglichem Komfort den Ansprüchen gerecht wird und mit gediegener Form gut in die Berglandschaft paßt.

Der bequemste Zugang zur Lienzer Hütte führt durch das Debanttal, dessen hochliegende Talsohle erst beim WH „In der Sag" betreten wird. Bis zum Seichenbrunn, beim Autoabstellplatz in der Tiefe des Debanttales, ist es erlaubt, mit eigenem Pkw zu fahren. Die Ruhe- und Wanderzone, der noch 1 Stunde Hüttenanstieg gehört, leitet ohne besondere Steigungen taleinwärts, vorbei an samtgrünen Zirben, an seitlich herabspringenden Wassern, die das stumme Moor oder Weiden tränken, bis hin zur Hütte im Schutz des Glödis.

Wegverlauf in Kurzfassung

Im Debanttal, 16 km, zweigen wir bei der Wasler Reide auf halber Höhe des Iselsberges ab. Beim WH „In der Sag" mündet der von Nußdorf kommende Weg ins Debanttal ein. Beim Seichenbrunn, ca. 1700 m, Schranken, Wanderzone. Vorbei an der Gaimberger und Hofalm zur Lienzer Hütte, 1 Std., ohne Pkw 4–4½ Std. Familienfreundliche Wanderung.

Beste Jahreszeit Juni bis Oktober.

Glödis und Hochschober – zwei ungleiche Brüder

9

Der Glödis zählt seiner äußeren Erscheinung wegen zu den schönsten Gipfeln der Schobergruppe. Sechs pfeilerartige Grate stützen die blockgebaute Pyramide, auf deren Gipfel silbern das Kreuz der Kalser Bergführer schimmert.
Auf dem nach Franz Keil benannten Weg wandern wir dem Talschluß zu, und immer näher rückt der Glödis, ohne in seinem strukturellen Aufbau freundlicher zu werden. Lediglich der massige Vorbau mit dem grünen Rükken und den weitgestreckten Schneefeldern ist größer geworden und läßt erst hoch im Kar ein wenig Einblick in seine geologischen Eigenheiten zu. Vielleicht knirscht der Schnee auf der Südseite des Berges noch, wenn wir am frühen Vormittag in die Ostflanke queren, wo sich die Sonne schon mit Wärme eingenistet hat. Etwa 70 m schreiten wir am Wandfuß entlang, bis ein vorspringender kleiner Pfeiler und Felsrippen den ernsteren Teil der Glödistour einleiten. Markiert und von Steinmännern gelenkt ist die Route, die ziemlich geradlinig verläuft und im Schlußteil auf die Südseite wechselt. Beim Gipfelkreuz spürt man den Wind, der im Herzen der Schobergruppe entspringt, der mit pfeifenden Tönen die Grate aufwärts schwebt und die Gipfel reinfegt.

In der Bergumrahmung des Debanttales besticht neben dem Glödis und dem felsstarrenden Ralfkopf der Hochschober mit feingesäumtem Wächtengrat. Aus dem Dunkel um die Erschließung dieses Berges tritt der weitum bekannte Geoplast Franz Keil, dem 1855 die erste Ersteigung des Hochschobers gelingt. Bei einem späteren Gipfelbesuch verunglückte er so schwer, daß 10jähriges Siechtum sein schöpferisches Wirken und junges Leben glanzlos beendet.

Wegverlauf in Kurzfassung
Am Franz-Keil-Weg wandern wir ½ Std. taleinwärts. Dort leitet eine Markierung nach rechts über den jungen Debantbach in Richtung Kalser Törl, 2 Std. Rechts einer wasserdurchzogenen Felsbucht empor, bis das große Schneefeld am Südfuß des Glödis betreten wird. Den SO-Grat (Rudl-Eller-Weg) übersteigend und in der Ostflanke der Markierung folgend auf den Glödisgipfel. 4 Std.
I+; Ungeübte ans Seil nehmen.
Zum Hochschober folgen wir dem Franz-Keil-Weg bis ins sogenannte Gartl, 2514 m, 1½ Std. Dort machen Tafeln auf die Steigabzweigung rechts gegen das Schobertörl aufmerksam. Nach ½ Std. links in die Ostflanke ansteigen und eine felsgesäumte Rinne empor. Bei günstigem Schnee leicht, sonst mühsam und steiglos zum Gipfel, 4–4½ Std.
Beste Jahreszeit: Juli bis September.

← Der Glödis – das Matterhorn der Schobergruppe. Links der Ralfkopf.
→ Der Hochschober – mit einer glänzenden Eisschleppe, die bis ins Ralftal reicht.

Zur Wangenitzseehütte und auf das Petzeck

10

In den Nachwehen des großen Krieges ist die Hütte ausgeraubt und gebrandschatzt worden. Mit leeren, hohlen Augen starrte das ausgeglühte Mauerwerk etwa 20 Jahre über den silbernen Wasserspiegel, währenddessen die Idee und die Vorbereitungen einer neuen Hütte auf fruchtbarer holländischer Erde keimten. Ein neues, am Nordufer des Wangenitzsees wiederentstandenes Zuhause konnte 1965 eröffnet und gefeiert werden. Vergessen waren die harten Jahre auf der weltentrückten, in die Wolken gehobenen Baustelle, auf der Sonne und Schnee nach eigenen Gesetzen dirigierten. Die hübsche Hütte aus Sichtbeton, braungebeiztem Holz und mit sonniger Seeterrasse steht auf einem der schönsten Plätze zwischen Perschitzkopf, Petzeck und Himmelwand, ein Grund mehr, einen Blick über die Osttiroler Grenze in den benachbarten Kärntner Gebietsteil zu tun. Auch deshalb sei ein Ausflug aus dem Rahmen dieses Buches und über die Landesgrenze hinweg verziehen, weil Lienzer Hütte wie Wangenitzseehütte durch landschaftlich reizvolle Höhenwege verbunden sind und beiden Hütten der Hauptzugang gemeinsam ist. Solidarisch waren auch die Bemühungen, die von der Wasserwirtschaft gereiften Pläne abzuwenden, die den Wangenitzsee aufstauen und zu befohlener Stunde aus seiner vieltausendjährigen Karwanne entleeren sollten. Weitblickende Menschen im oberen Mölltal haben 1983 den östlichen Gebietsteil der Schobergruppe zum Nationalpark erklärt, um die Berglandschaft, Seen und Flüsse unantastbar der Nachwelt zu erhalten.

Ein neuer Uferweg, der teilweise Klettersteig ist, wurde um den Wangenitzsee angelegt und am Ostufer, wo der Abfluß zum Lauf ins Wangenitztal ansetzt, gibt es seit 1971 einen Klettergarten, der sechs rot numerierte Routen in festem Fels mit Schwierigkeiten von II–IV und einer Länge von 12–15 Meter anbietet.

Die Palette sportlicher Möglichkeiten bereichert das zum Firngleiten überaus geeignete Kruckelkar, in dem von der Petzeckscharte ausgehend bis in die Mitte der 70er Jahre Firngleiterrennen abgehalten worden sind.

Wer noch ein Stück gänzlich unberührte Bergwelt sucht, dem sei der vertrauliche Hinweis gegeben, einmal die Schritte ins Prititschkar zu lenken. Dort wird man zwischen himmelstürmenden Felsbergen ein stilles Kar finden, mit samtgrünen Moospölstern und kleinen rostig ausfärbenden Tümpeln von unsagbarer Schönheit, die schwer ins Wort zu bändigen ist. Eng verschmelzen brauner Fels und leuchtender Schnee; meilenweit getrennt sind der violette Speik und die ins Blau des Himmels hineinfließenden Grate; eine unberührte Insel der Einsamkeit, die kaum gefährdet ist, da weder Steig noch Markierung darauf aufmerksam machen. Nach wie vor lockt das Petzeck als höchste Warte.

Zur Hütte kann man auch von Mörtschach im Mölltal das Wangenitztal wählen, das eine Fundgrube landschaftlicher Kostbarkeiten verwahrt hält. Zeitsparender, doch sehr sonnig und kraftraubend ist der Anstieg aus dem Debanttal, der bis zum Seichenbrunn mit Pkw verkürzt werden kann. Jenseits des Baches schreiten wir an windzerzausten Fichten vorbei und hoch im Hang tragen ausladende Zirben ihre dunkelschillernden Festgewänder. Wo die stolze Rasse der Höhe unterliegt, betreten wir im Bereich der Materialseilbahn das weitläufige Gaimberger Feld mit welligen Rasenstufen, seichten Pfützen und tischgroßen Blöcken, die jährlich wieder der Feldkopf aus seinen lockeren Wänden schüttelt. In engen Kehren windet sich der Steig zur Unteren Seescharte, hinter der unsere Wanderung im Blickfeld von Hütte und Seen mit verschwenderischer Schönheit ausklingt. Das Petzeck wird vom behäbigen Kruckelkopf verstellt und ist am alten Possegger Steig Tat und Erlebnis zugleich. Bei einem seilverspannten Felseck müssen wir vorsichtig und trittsicher sein, ganz oben auf einem sonnentrunkenen Firnpolster dürfen wir mit lachendem Gesicht den umliegenden Gipfeln zujubeln.

Wegverlauf in Kurzfassung

Vom Seichenbrunn im Debanttal (Schranken, Parkplatz, Materialseilbahn) in 2½–3 Std. auf der Sonnenseite des Debanttales zur Unteren Seescharte aufsteigen, 2533 m, drei Seilbahnstützen, zwischen Kreuz- und Wangenitzsee zur Hütte am Nordufer, insgesamt 3½ Std.

Das Petzeck wird über die Südseite erstiegen. Ein markierter Steig umläuft den Kruckelkopf und mündet nach einem seilversicherten Felseck (½ Std. von der Hütte) ins Kruckelkar. Dort entweder über Schneefelder zur Petzeckscharte (steil!) oder der Markierung folgend auf Schrofenrippen und Blockhängen zum Gipfel, 3 Std.

Beste Jahreszeit: Sommer und Herbst.

Vom Wangenitzsee reicht der Blick über den Zettersfeldrücken zu den Lienzer Dolomiten und den verblauenden Bergen im Süden.

Der Hochstein – Am Schönbichele

11

Das „Schönbichele“, wie bergbeseelte Lienzer den Hochstein in alter Vertrautheit nennen, schiebt sich als bewaldeter Vorläufer der Deferegger Alpen keilförmig zwischen Isel und Drau und begrenzt den Talboden im Westen. Der Hochstein – ein „Ausweg ins Freie“ – ist auch Heimstätte der Lienzer Alpenvereinssektion, deren treuumhegtes Erbe, die Hochsteinhütte, am vordersten Kammfelsen steht. Eine hervorragende Aussichtswarte, die den grün gemusterten Lienzer Talboden aus der Vogelschau umfaßt und bis zu den silbernen Bergen der Venedigergruppe reicht. Die südlichen Sextener Dolomiten und die vor uns aufragenden Spitzkofeltürme und Laserzberge sind in der aufflammenden Abendsonne am eindrucksvollsten.

Der Hochstein war im 1. Weltkrieg insofern von strategischer Bedeutung, als eine weit ins Land zurückgenommene Wehrlinie ein endgültiges Durchbrechen der Italiener verhindern sollte. Erdige, steindurchsetzte Schutzgräben, die mancherorts noch spürbar sind, erstreckten sich bis auf den Gipfel des Bösen Weibele. An die Feuerhölle beider Kriege erinnert heute das aus schweren Stämmen gezimmerte Heimkehrerkreuz, das 20 Minuten westlich der Hütte steht und jene aufgerichtet haben, die in letzter Not fernen Fronten entkamen.

Am Hochstein führen heute Sesselbahnen und Schlepplift vom Westrand der Stadt bis auf 2000 m hinauf und breite Waldabfahrten haben einer angestrebten Wintersaison Tür und Tor geöffnet. Von Lienz über Bannberg schlängelt sich auch eine asphaltierte Bergstraße bis zur Bannberger Alpe, 10 Minuten vor der Hochsteinhütte gelegen. Schon die Auffahrt erlaubt eine aufregende Sicht auf das felsige westliche Spitzkofelmassiv – ein Bild, das später mit dem Herzstück der Lienzer Dolomiten, dem Laserz und der kantig vorstehenden Keilspitze zum großen Felspanorama am südlichen Himmel wird.

Weniger erfreulich ist der gleich neben der Hütte stehende stählern verschraubte Fernmeldemasten, der in fachkundigen Augen elegant, aus dem Blickwinkel eines Romantikers häßlich erscheinen muß.

Wer von Lienz direkt auf den Hochstein will, wird die Sesselbahnen wählen, die bis zur Leisacher oder Sternalm reichen. Dort führt der großteils schattige Märchensteig mit viel Abwechslung und unerschöpflicher Dolomitensicht bergan; ein gut markierter Steig, der meist rechts der breiten Kammabfahrt hinaufführt, ins Walddunkel taucht und über sonnige Lichtungen streicht. Wo flechtenüberzogene Gesteinstrümmer tief in den Alpenrosen stecken, sind wir dem Ziel schon nah und in der gastfreundlichen Hütte gut aufgehoben.

Wer Lust verspürt, sollte dem von der jeweils regierenden Jahreszeit übermalten Schloßberg die stillen Waldgeheimnisse aus eigener Kraft abringen. Der altbekannte Stadtweg verläßt den Westrand der Stadt beim sagenumwobenen Schloß Bruck, führt bei der Heinrichswarte vorbei und wenig später in den Bereich der Venediger-Warte. Hier fühlt sich der Auerhahn wohl, der mit schmuckvoll gespreiztem Gefieder seine Balz von März bis Mai und sein Revier zur Stadthütte im sog. Taxer Gaßl ausdehnt. Das mit Fichten sich tarnende gemeindeeigene Forsthaus, tiefbraun geschalt, bleibt zur Rechten unberührt, während die einstündige Schlußetappe im auflichtenden, von Lärchen durchmischten Waldgehänge schon bleibende Eindrücke vom Hochstein zeichnet. Noch vor dem höchsten Punkt dürfen wir uns über die prächtige Rundsicht freuen, auf den Blick in den Talboden und die sonnseitigen Schwemmkegel, wo Häuser und Gärten nicht größer als Spielzeug scheinen. Das Böse Weibele, einziger Hausberg, ist auf einem 1,5 km langen Kammweg zugänglich, der beim Heimkehrerkreuz vorbeizieht und die Stille beim vereinsamten „Gampelehüttl“ sucht. Aus dieser letzten Verflachung erheben sich die Osthänge des Bösen Weibele, das noch vor dem Gipfelkreuz mit kulissenartigen Blöcken und den Brutstätten weißgefleckter Schneehühner den Anstieg kurzweilig gestaltet.

Wegverlauf in Kurzfassung

Eine ganzjährig befahrbare Mautstraße führt von Lienz über Leisach und Bannberg, 1262 m, zur Bannberger Alpe, 10 Min. von der Hochsteinhütte, 2023 m.

Von Lienz direkt laden zwei Doppelsesselbahnen ein (686–1037 m und 1030–1511 m). Ab der Sternalm ist die Schlußstrecke nur im Winter mittels Schlepplift zu bewältigen. Im Sommer wählen wir den Märchensteig zur Hochsteinhütte, $1\frac{1}{2}$ Std., und Unentwegte den Stadtweg (Nr. 3) vom Tal bis zur Hochsteinhütte, 3–4 Std.

Das Böse Weibele, 2521 m, ist völlig unschwierig von jedermann erreichbar ($1\frac{1}{2}$–2 Std., markiert).

Die grünen Wogen des Hochsteins, gekrönt von den hellen Dolomitengipfeln jenseits der Talfurche.

Ederplan, Ziethenkopf und Stronachkogel Gipfelkreuze für den Frieden

12

Wo das rotgoldene Morgenfenster des sommerlichen Lienzer Talbodens von den ersten Sonnenstrahlen umrahmt wird, erheben sich die bewaldeten Anhöhen des Ederplans und Stronachkogels. Nach Südosten streckt sich der Ziethenkamm, eine Bastion gegen das benachbarte Bundesland und mit ausklingendem Waldkamm die Grenze beim Kärntner Tor bildend.
Alltagsfern sind die harmlosen Gipfel, und doch nahe genug, um mit Halbtagswanderungen ein Stück unserer Lienzer Berge kennenzulernen. Wer sich mehr Zeit gönnt, wird am Ziethenkamm dankbare Sichtstellen vorfinden und den Lienzer Dolomiten in die geheimsten Karwinkel blicken. So hoch sind wir über dem Talboden, daß graue Häuser und verschwiegene Auwälder, das Silber der Flüsse und türkisblaue Grundwasserseen gleichzeitig sichtbar werden, die mit den Mischfarben der Anger und Felder der Landschaft Kraft und Ausdruck geben und oft auch unser seelisches Befinden bestimmen. Auf den Anhöhen dieser Talumrahmung sind in diesen Jahren neue Gipfelkreuze erstanden, und Gedanken formulieren das Wort – mögen sie dem Frieden dienen.
Viel Schicksal begleitet Zeit und Weg durch wechselnde Tage, die auf den 100. Geburtstag zuführen. 1982, an einem hellblau gefegten Sommertag, feierten zahllose Besucher das seltene Jubiläum des Anna-Schutzhauses, benannt nach der Gattin des Malers Franz von Defregger. Unter dem gleißenden Licht der Sonne wird die Gipfelmesse beim zweistöckigen Kreuzsockel gehalten, beim baumlangen Heimkehrerkreuz, das der quirlige Dölsacher Sepp Siggitzer 1949 errichten half. Das Kreuz am Ziethenkopf hat die Nikolsdorfer Landjugend auf den östlichsten Punkt des gesamten Tiroler Landes gestellt. Vielleicht hat der Frieden doch eine Chance, wenn die uralte Hoffnung wahr wird, daß Schwerter und Lanzen des Krieges eingeschmolzen werden in Töpfe und Pflugscharen des Friedens!
Seit 1983 steht auch am Stronachkogel ein Kreuz, auf jener lichten, sanften Lärchenkuppe, die zwischen Ederplan und Iselsberg gelegen ist. „Herr, wir sind deine Jugend", diese ehrliche Überzeugung haben junge Pfadfinder aus Dölsach in die schweren Kreuzbalken eingebrannt.
Ausgangspunkt der Wanderung ist Lienz, in Nußdorf-Debant muß man die Straße zum Iselsberg wählen, der selbst reich an Geschichte ist. Während der großen Eiszeit verbanden sich die Gletscher des Möll- und Drautales über dem Iselsberg und ebneten das hügelige Terrain, auf dem zuerst die Römer, später die Görzer Grafen einen Saumpfad anlegten. Um 1920 wurde die erste Iselsbergstraße erbaut, die teilweise noch vorhanden ist, ihr folgte die heute moderne, mit nur vier Kehren errichtete Bundesstraße, die von Lienz in das kärntnerische Mölltal führt.
Beim Hotel Dolomitenblick zweigt die schmale, asphaltierte Zufahrt in die idyllische Hangsiedlung Stronach ab. Den mit einer Maut belegten Weg zum Zwischenbergensattel legen wir zu Fuß zurück, an der Abzweigung zu den Stronacher Almen vorbei; später erblicken wir jenseits des Frühaufgrabens die bizarren Erdpyramiden. Auch ist die den Wegrand begrenzende 12 Meter hohe Felswand unübersehbar, und wenn man dort genau hinsieht, wird man eine Reihe von Bohrhaken wahrnehmen. Wer sich sportlich fühlt und ein Sicherungsseil zur Hand hat, versuche den ersten, vielleicht auch zweiten Haken zu erreichen. Nach 50 Minuten zweigt rechts neben einer Blockhütte der mit 7 numerierte Eggenweg zu den Erdpyramiden ab, während unsere Wanderung nach zwei Wegschleifen beim Zwischenbergensattel endet. Natürlich könnte man weiter nordwärts in das Kärntner Mölltal absteigen oder linkshaltend auf den mit 2b numerierten Weg zum Stronachkogel hinauf.
Zum Ederplan weist eine Tafel rechts östlich, wo der Steig schon anfänglich steil einen mit Gras und Himbeeren überwachsenen Kahlschlag emporzieht. Bei beliebig oft gewählten Verschnaufpausen sollte man gelegentlich zurück in die Schobergruppe schauen, wo an die Schleinitz die kirchturmähnliche Rotspitze, der mit Schnee verhangene Hoch- und Kleinschober und der formschöne Glödis anschließen. Eine überwältigende Bereicherung der Aussicht erwartet uns auf der Bergwiese mit der Eggerhütte, über deren ausgebleichtem Schindeldach die Lienzer Dolomiten sich von ihrer schönsten Seite zeigen. Gut beschildert führt der Steig durch Lärchenwald und sonnige Lichtungen bergwärts, ehe er rechtshaltend und eine Zeitlang verflachend zu vereinzelten Almhütten führt. Muntere Quellen geben die braune Erde und das Alpenrosendickicht frei und den kühlen Lauf bewohnen giftgelber Hahnenfuß, Kresse und Sauerklee. Wir schwenken nach links zum nahen Anna-Schutzhaus mit weitem Talblick und einer Gipfelschau, die beim kristallgeschmückten Kreuz am Ederplan auch Spitzen der Hohen Tauern einschließt.

Auch die geheimen Karwinkel des Debanttales sind vom Ederplan aus sichtbar.

Wer noch mehr an Aussicht genießen will, muß einmal am Ziethenkamm entlangwandern, bis der Ziethenkopf die unschwierige Bergfahrt noch mit einem schönen Gipfel bereichert. Dann stehen wir in Stirnhöhe mit den gewaltigen Lienzer Dolomiten, die an Schönwettertagen all ihren Formenreichtum offen zeigen. Ein wildbewegtes Bild, wenn kleine Nebel durch die Kare tanzen oder auf der felsbreiten Keilspitze am Mittag erscheinen.

Wegverlauf in Kurzfassung
Wer von Lienz über den Iselsberg nach Stronach, 1105 m, will, beachte die Abzweigung beim Gasthof Dolomitenblick (dritte Straßenkehre, 1,8 km vor Stronach). Aus der sonnigen Hangsiedlung folgen wir dem Forstweg Nr. 2 (Schranken, Maut) bis zum Zwischenbergensattel, 1½ Std. Vom Zwischenbergensattel, 1459 m, ist der Weg 2b zum Stronachkogel richtig gewählt, 1¼ Std.

Der Ziethenkamm empfiehlt sich für gehfreudige Bergfreunde und für „Dolomitenbewunderer", denn die Aussicht auf der Kammhöhe ist bei Schönwetter ein ungebrochenes Erlebnis. Auf markiertem Steig ist der Ziethenkopf, 2484 m, in 2–2½ Std. ein schönes, wenn auch etwas entlegeneres Ziel, das in 4 Std. auch von Nikolsdorf erreichbar ist.

Das Iseltal, zwischen Lienz und Matrei

Das untere Iseltal von Lienz bis Matrei beginnt bei der Schloßbrücke, die am Felsfuß des Residenzschlosses ehemaliger Landesfürsten den Iselfluß überquert. Das großartige Sichtfeld des Autolenkers bestätigt die Panoramastraße, die vorerst vom Großen Zunig, dann von den Bergriesen der südöstlichen Venedigergruppe beherrscht wird. Neben dem Ochsenbug, der kühle strenge Flanken in die Täler schickt, winkt der ins Bild tretende Hohe Eicham mit freundlichem Gruß durch die Frontscheibe. Er ist an dem überfirnten Nillkees erkennbar, das hoch über dem Virgental als weißer Eisfleck erglänzt. Oberlienz, das sich mit mehreren Ortsteilen und Häusergruppen auf dem größten Hangkegel Tirols ausbreitet, wird von der neuen Fahrstraße südlich gestreift. Bei Ainet, 7 km nordwestlich von Lienz, zweigen beidseitig Zufahrten in hochgelegene Hangsiedlungen ab. Schlaiten breitet sich schattseitig auf fruchtbarem Terrassenboden aus. Die steilere Sonnseite bevölkern die Streusiedlungen Gwabl und Alkus, und auf bevorzugtem Platz liegt Oberleibnig, mit der kleinen Kapelle Maria Schnee auf weit vorgeschobener felsiger Hangkante. Die Iseltalstraße führt mit der abseitig trassierten Hochspannung auf St. Johann zu und birgt vorher noch rechter Hand die Weiherburg, ein altes görzisches „Fischerhäuschen“. Ab St. Johann, wo beiderseits im Gehänge Granit gebrochen wird, ist bis Huben auch die alte Landesstraße noch erhalten, die schattseitig der Isel und nah am Michlbachfall und an der Ruine Kienburg vorbeiführt. Die verfallene Burg bildet einen seltsamen Gegensatz zur Pumpstation der Transalpinen Ölleitung. Das „Schwarze Gold“ erhält hier neuen Antrieb, gilt es jährlich 30 Millionen Tonnen über den Felbertauern nach Süddeutschland zu fördern.

In Richtung Huben schlängelt sich die alte Straße durch Gehöfte des Weilers „Brunner“ und überquert den Schwarzachfluß aus dem Defereggental. Das von den Fluten angeschwemmte Geschiebe hält eine massive Sperrmauer in der Schluchtmündung auf. Huben ist alter Siedlungsboden und versorgte bis 1930 den Stellwagen, die Postkutsche und Pferdewechsel. Reisende labten sich in gutgeführten Schenken. Aus dem aufstrebenden Ort führen die Zufahrten in die beiden großen Gebirgstäler mit den Hauptorten Kals und St. Jakob.

Wo Sonn- und Schattseite enger zusammenrücken und der Klausenwald in das Rauschen der abwärts fallenden Isel einstimmt, steht knapp neben der Straße das einstige Gast- und Mauthaus „Brühl“, aus Naturstein und mit ängstlich kleinen Fenstern erbaut. Gleich darauf öffnet sich, formschön von Bergen umstellt, das Matreier Becken, auf dessen saubere Häuserfassaden das milde Licht des vergletscherten Malhams fällt. Nach Westen zweigt unauffällig der Zugang ins Virgental ab, und in der bisher verfolgten Richtung führt der alte Tauernweg durch die enge Prosseggklamm zu den weißen Bergen des Großvenedigers.

Matrei liegt am südlich ausklingenden Punkt der Felbertauernstraße, die mit herrlichen Sichtstellen nach 17 km und behutsamer Steigung zum Südportal des 5,2 Kilometer langen Tunnels reicht – und nach insgesamt 36 Kilometer in Mittersill endet. Als wichtiger Lebensnerv durchpulst die 1967 eröffnete Felbertauernstraße unser kleines Land und bindet den uralten Handelsraum Pinzgau mit spürbarer wirtschaftlicher Belebung an Osttirol. Die überregionale Bedeutung der Straße liegt in der Koppelung des hohen Nordens mit den Ländern südlich des mächtigen Alpenzaunes, wo Sonne und Wärme zu Hause sind. Diese heimelige Sphäre ist auch im Michlbachtal gegenwärtig, im größten südlichen Seitenast des Iseltales. In der verborgenen Hochtalfurche haben bis 1940 Knappen nach seltenem Arsen geschürft.

Hoch auf grünen Leiten stehen die zwei Berghöfe auf Michlbach und haben mit einer Kleinkabinengondel sowie seit 1980 auch mit einer aufwendigen Straße von St. Johann Anschluß mit der Welt nach außen gefunden. In das Michlbachtal empfiehlt sich die Auffahrt über Schlaiten, einem alten Meßnerdorf. Dort folgen wir auf asphaltierter Straße dem Hinweis „Pension Schoberblick“ in die Fraktion Göriach und weiter dem Almweg ins linke Talgehänge. Beim kurzarmigen Wasserschwall im Bereich der Klosterfrauenalm vereinen sich die Forstwege beider Talseiten und führen in die langgezogene Talkrümmung, wo der Bockstein die Rolle des Herrschers übernimmt. Nur ein steiniger Pfad sucht den einsamen Zagoritsee, später den kleineren Bocksteinsee, der in einer runden Schale ruht. Der darüber kühn aufragende Bockstein stiftet etwas Unruhe in unserer Seele, lockt mit anmutiger Felsform und verheißt über grobe Blockhalden einen abenteuerlichen unschwierigen „Weg“ zum Gipfel.

Über den Zagoritsee schreitet ein neuer Tag auf den verträumten Bockstein zu.

Die neue Hochschoberhütte – Geschichte und Schicksal

13

Der urtümliche Trogboden des Naßfeldes ist mit Geschiebe und grobgeschichteten Stirnmoränen hart überzeichnet. Unberührt von späteren Zungenvorstößen kräftiger Hanggletscher ist entlang dem Bach ein grünes Feld und die Trogkante geblieben, auf der die Geschichte einer Hütte im Jahre 1922 das erste Kapitel schrieb. Bergsteiger aus dem ÖAV-Verband der Wiener Lehrer hat das Fernweh und die Sehnsucht nach unerforschtem Hochgebirge schon um die Jahrhundertwende in die Schobergruppe geführt, wo gleich zwei Schutzhütten ihnen Heimatrecht und den Grundstein großer Tradition sicherten. Noch vor der Ad.-Noßberger-Hütte im Gradental entstand 1922 am Naßfeldboden eine vorerst bescheidene Hochschoberhütte, die 1935 erweitert, ihr Äußeres bis in unsere Tage wahrte. Das Schicksal ereilte die Hütte am 29. Mai 1983, wo sie einer ungeklärten Brandursache zum Opfer fiel. Nur eine wertlose Ruine blieb übrig nach einem Feuer, das ein lebhafter Südwind schürte. Mit der urigen Hütte, in die einzukehren nicht erst nach erlebnisreicher Bergfahrt ein Vergnügen war, zerbricht eine 61jährige Geschichte wohl in ihren äußeren Konturen, räumt aber einer still gehegten Freundschaft zwischen zwei Nachbarsektionen eine große Chance ein. Der Hüttenwirt entdeckte als erster das Unglück und schnell wie die kristallklaren Wasser aus dem Hochgebirge verbreitete sich die traurige Kunde im Tal. Die Lienzer AV-Sektion zeigte sich zu spontaner Hilfe bereit. Nach kurzer Vorbereitungszeit und mehrtägigem Lastentransport stellte sie am 26. Juni 1983 ein holzgezimmertes „Biwak" auf, das 10 m neben der Brandruine und frech unter dem mächtigen Hochschober steht. Es bietet acht bis zehn Personen Platz, auch mehreren, wenn die Not uns lehrt, etwas aneinanderzurücken. Wer vergißt die Tage, an denen sperrige Bauteile und kantige Schalhölzer auf dem Rükken der blondmähnigen Haflingerpferde des Bundesheeres und freiwilliger Helfer den Hüttenhang hinauf geschleppt wurden.

Ein Neubau entstand dank großer Eigenleistungen 1985/86. So ist eine fruchtbare Zeit reger Tätigkeit abgeschlossen, die Adolf Noßberger 1920 eingeleitet hat und der Sektion Wiener Lehrer auch heute Anerkennung verleiht.

Der Weg zur Hochschoberhütte führt vorerst 7 Kilometer auf asphaltierter Bergstraße von Ainet nach Oberleibnig, um von dort aus die Bergwanderung zur Hochschoberhütte anzutreten, die sich mittels Auto noch verkürzen läßt. Oberleibnig, ein Ortsteil der Gemeinde St. Johann im Walde, breitet sich auf sonnüberfluteter Hangterrasse aus und war bis vor wenigen Jahren nur mit einer Kleingondelbahn oder auf steilem Waldsteig erreichbar. Neu ist die Bergstraße von Ainet herauf, die kostspielig war und Sorgen wegen steter Hangrutschungen mit sich bringt. Dadurch wird verständlich, daß der ehemals romantische Wandersteig zum westlich gelegenen Oblasser Stausee zu einem Fahrweg verbreitert wurde. Etwa zehn Bauernhöfe, der älteste gut 400 Jahre alt, liegen geschützt zwischen Flur und braunen Ackerfurchen. Dagegen steht die ins Tal grüßende Kapelle zu Maria Schnee am vordersten, steil abfallenden Felsfundament. Der Ort selbst zeigt sich dem Fremdenverkehr aufgeschlossen und niemandem fällt auf, daß heute noch eine 800 Meter lange, in offenen Kendeln geführte Wasserleitung in Gebrauch ist.
In Richtung Hochschoberhütte benützen wir die markierte Auffahrt, die bis zum Schranken oberhalb des Leibnitzbaches bis auf Widerruf befahrbar ist. Der breite Weg führt mäßig steigend zur zweiten Bachbrücke, eine Strecke, die auch am alten Almweg, dem Eduard-Jordan-Weg, noch begehbar ist. Er führt an der verlassenen Leibnitzalm vorbei, 1908 m, die in einer vom Wind gebrochenen Waldparzelle steht und in ihrer Sterblichkeit ein Hort von Fabelwesen sein könnte. Am sonnigen Wiesenrain plätschert der Leibnitzbach vorbei, dem Hoher und Niederer Prijakt mit finsterem Felsgesicht nachschauen. Wo Weg und Steig sich verbinden, steigen wir rechts des schäumenden Baches eine zirbenbestockte Geländestufe an und erreichen links des Wassers den Zellinboden mit originellem Kreuz und Rastbänken. Der abschließende Hüttenhang baut sich vor uns auf, wachsam von Hochscho-

ber und den beiden Prijakten flankiert. Zwei Kehren entschärfen die Trogstufe, bis der Steig eben an der Sophienquelle vorbeiführt und über den letzten Rasenrücken die neue Hochschoberhütte erreicht.

Wegverlauf in Kurzfassung
Von Ainet, 755 m, 7 km nordwestlich von Lienz, zweigt sonnseitig die asphaltierte Bergstraße nach Oberleibnig, 1243 m (7 km), ab. Zu den Weilern Gwabl und Alkus biegen wir 3 km oberhalb von Ainet nach rechts ab. Von dort ist über den Fercherhof eine markierte Wanderung zur Hochschoberhütte, 2322 m, möglich (4 Stunden). Der zur Zeit bessere Wegzustand von Oberleibnig aus erlaubt stillschweigend die Auffahrt bis zum Schranken (1½ Std.), während der Forstweg noch bis zur zweiten Bachbrücke leitet (¾ Std.). Zur Hochschoberhütte trennen noch 1–1¼ Std. Eine Biwakschachtel gleich neben der Hütte dient als Winterquartier (keine Feuerstelle).
Der Hochschober im weitgerundeten Bergrahmen gehört zu den interessantesten Dreitausendern und zählt auch weitaus die meisten Besucher. Der markierte Anstieg, 3–3½ Std., bei guter Sommerwitterung ohne Problem, führt zur Staniskascharte, 2936 m, 1½ Std., und mit Abwechslung am Westgrat zum Gipfel, 3240 m, 1½ Std. Steigeisen zur Sicherheit und verkürztes Seil für Ungeübte ratsam!
Beste Jahreszeit: Juli bis September.

← Einige Stunden alt ist das Lamm, und wenig später wird es bereits zum Saum der Höhen ziehen.
→ Vorbei am Pitschedboden und Alkuser See führt ein alpiner Steig zur Hochschoberhütte.

Matrei –
an der Sonnseite der Hohen Tauern

Das weitflächige und grüngestaffelte Talbecken von Matrei, 977 m, wurde vom großen Eiszeithobel herausgearbeitet, von immerwährenden Murbrüchen und ungebändigten Wildwassern aufgeschüttet. Vor 18.000 Jahren prallten im Matreier Raum die Eisströme aus dem Virgen- und Tauerntal aufeinander und wölbten sich 1400 Meter hoch. Dadurch verschmolzen sie über das Kals-Matreier Törl noch mit dem Eis der Glocknergruppe. Eis und Wasser schufen das erhabene Landschaftsgepräge. Auf dem angeschwemmten Kegel des Bretterwandbaches liegt Matrei. Die Innenseite des formschönen Alpenbogens gewährt Schutz und auch Schönheit, die das Gebirge schon auf Grund der geologischen Abwechslung und der verschiedenen Gesteinszonen verspricht. Der Alpenkern ist aus Zentralgneis gehärtet, die äußere „Hülle" birgt kalkarme Glimmerschiefer mit eigenfarbigen Granaten, Phylliten, weißen Marmorzügen und dunkler Hornblende. Chloritschiefer und Serpentin sind Basis und Muttergestein für prächtige Mineralien, denen erfahrene Steinsucher mit Leidenschaft nachspüren.

Die schwere Arbeit und die strenge Landschaft haben den kraftvollen Matreier Menschenschlag geformt, der mit Tracht und bei Festen besonders eindrucksvoll in Erscheinung tritt. Grund zum Feiern bot 1980 das 700-Jahr-Jubiläum zur Markterhebung. Man kann sich glücklich schätzen, Bewohner einer so schönen Heimatgemeinde zu sein. Dabei war die Siedlungsgründung seit den Uranfängen alles eher als leicht und der Ungunst der Wildbäche ausgeliefert. So soll Matrei in seiner langen Entwicklungsgeschichte einmal fast zur Gänze verschüttet, dreimal ausgeraubt und wiederholt von Feuer heimgesucht worden sein. Die größte Brandkatastrophe zerstörte Matrei am 10. Mai 1897. Neben der wuchtigen Pfarrkirche, dem Widum und dem alten Schulhaus, die den Ort prägen und im Verband mit Schloß Weißenstein das unverkennbare Wahrzeichen bilden, haben nur noch einzelne Häuser die vom Tauernwind geschürte Feuersbrunst überdauert. Stets auf Kriegsfuß war Matrei mit dem Bretterwandbach, der seine Quellen der unzugänglichen Wildnis der tafelbildenden Bretterwand entlockt. Die Chronik weiß von lastengroßen Steinen, die wie Korke dahinschwammen, wenn der entfesselte Bach, auch Bürgerbach genannt, einen ungnädigen Tag hatte. Die Gefahr bannen seit zwei bis drei Jahrzehnten 35 solide Talsperren. Auch dem Tauernbach sind Zügel angelegt worden, überschwemmte er doch bis 1947, breit aus der Prosseggklamm tretend, das heute rekultivierte Gebiet der Hinteraue. Ebenso war die ins Grüne gewandelte Vorderaue früher Schwemmland, eine von Erlen und Weiden eroberte Wildnis und Spielplatz der ungestümen Wasser. Das finanzielle Rückgrat von Matrei um die Jahrhundertwende bildete der Landeckwald tief im Tauerntal. Eine gut ausgelastete Säge, der auch ein Gasthaus angeschlossen war, und Kohlenmeiler aber erschöpften die Waldreserven und schmälerten die Verwirklichung der so notwendigen Iseltalstraße. Wunschtraum blieb die geplante

Auf der Innenseite des großen Alpenbogens ist der Markt Matrei mehr als 700 Jahre alt geworden – gewachsen in einer herrlichen Berglandschaft.

Eisenbahn, nur Stückwerk ein ordentlicher Tauerntalweg.
Matreis Anschluß an die große Welt ist trotzdem in diesen Jahren zu suchen. Der Fremdenverkehr erfaßte behutsam den Ort an der geschützten Südseite der Hohen Tauern, und das aufkeimende Bergführerwesen schätzte den vorerst bescheidenen Nebenverdienst. Das erste Auto erreichte Matrei 1905 auf holprigem Karrenweg, und wie das bedeutende Buch von Matrei weiter verrät, bestand seit 1913 eine Autobusverbindung, die $2\frac{1}{2}$ Stunden bis Lienz beanspruchte. Der Tourismus festigte sich 1908 mit 2600 Nächtigungen, er stieg beständig an und verflachte in den Jahren des 2. Weltkrieges, der auch in Matrei schmerzliche Blutopfer kostete. Die einmal eingeleitete Aufwärtsentwicklung setzte sich 1948 mit steigenden Nächtigungszahlen fort und expandierte bald auf ein Vielfaches. Schon vorher galt die gemeinsame Kraft der Land- und Viehwirtschaft, dem Handel und Gewerbe. Wirtschaftlichen Aufwind der Neuzeit versprechen die Abgaben der Transalpinen Ölleitung, die Hochspannungsleitung über den Felbertauern, wenngleich um den Preis beeinträchtigter Natur, und die 1967 eröffnete Felbertauern-Panoramastraße. Mit ihr verbinden sich die Lebensräume beiderseits der Alpen und nur noch 36 km trennen Matrei von Mittersill im Pinzgau. Ein monumentaler Bronzeguß „Die Begegnung" versinnbildlicht beim Südportal die verbindende Funktion des Tunnels, der mit 5,2 Kilometer Länge den harten Felskern des Felbertauern durchbohrt.
Keine leichte Entscheidung lastet auf den Gemeindevertretern, wenn es gilt, das geplante Großkraftwerk und den kommenden Nationalpark Hohe Tauern nebeneinander ins Landschaftsbild zu einen.
Vom Gemeindegebiet entfällt ein nur sehr geringer Teil (9 Prozent) auf Heimgutflächen. Die größeren Anteile sind Almen und Ödland und verlieren sich weit in den Tauerntalschluß. Die Konstellation des Gemeindeeigentums fördert natürlich die Jagd, erlaubt doch ein altes Gesetz jedermann das Nachstellen von Schadtieren. Dies galt nicht unbedingt für den 1971 unweit des Kals-Matreier Törls erlegten Braunbären, der im Heimatmuseum des Marktes seinen unfreiwilligen „Stand" bezogen hat.
Drei Dörfer, Bichl, Waier und Ganz, verflechten zu einer Streusiedlung in der Schattseite und werden von der St.-Nikolaus-Kirche beherrscht. Wie den Markt, so teilt der Bretterwandbach auch die Siedlung in der Sonnseite in die Fraktionen Klaunz und Glanz, Hinterburg und Kaltenhaus, die von Schloß Weißenstein aus der Vergangenheit in die stürmische Zeit von heute geführt werden. Sie fordert den Ausbau der Wintersaison, die mit kleineren Liftanlagen am Klaunzerberg und beim Matreier Tauernhaus begonnen haben. Daran schließen mutig die Bergbahnen ins Goldried, die die Rodung breiter Waldabfahrten forderten, während Neubauten am Rauterplatz und ein „Schwedenhotel" neue Akzente setzen. Matrei ist ein konkurrenzfähiger Touristenstandplatz geworden, in dem ein Hauch von Welt durch die Partnergemeinden Korb im Remstal (BRD), Nußdorf o. d. Traisen und Kastelruth in Südtirol spürbar ist.
Eine Auswahl der schönsten Wanderungen und in die Bergwelt führenden Steige um Matrei zu treffen, wird nicht ohne Widerspruch bleiben. Zu reichhaltig ist das Angebot für den schmalen Platz in diesem Buch.
Wer beides will, den Genuß von Aufstiegshilfen kosten und trotzdem in alpinen Zonen wandern, den Blick auf den grünenden Talboden nicht verlieren und gleichzeitig dem Großglockner und Großvenediger ins Antlitz schauen, der sei ins Goldried eingeladen, auf den neu errichteten Europa-Panoramaweg, der über das Kals-Matreier Törl auf die Kalser Seite hinüberwechselt. Eine durch nichts unterbrochene Gipfelschau erlaubt der Sudetendeutsche Höhenweg, der vom 2207 m hohen Törlhaus zur Kalser Höhe und zum Weißen Knopf reicht, der mit hellem Kalkgestein in Zonen blauglänzender Serpentine eigensinnig Widerspruch erhebt. Will man die Wanderung noch bis zum Hohen Törl ausdehnen, muß allerdings ein spürbarer Abstieg um die Drillingsschneid in Kauf genommen werden. Wie die Tour 16 erläutert, schließt ans Hohe Törl die „Königsetappe" der Höhenwanderung. Sie setzt trockene Witterung und schneefreie Jahreszeit voraus und führt über die Dürrenfeldscharte bis vor die Haustür der Sudetendeutschen Hütte. Dem Goldried gegenüber liegt Zedlach und in Augenhöhe das berühmte Lärchenparadies. Ein Tagesausflug ist dem Großen Zunig reserviert, von dem aus die Rundsicht besonders attraktiv ist.
Die Weite und den Formenreichtum der alpinen Landschaft lernen wir im Frosnitztal kennen, einsame Almen und die hochgelegene Badener Hütte am eisigen Strom des Frosnitzkeeses. Sternstunden alpiner Wanderungen künden die malerischen Hochgebirgsseen, Löbben- und Wildensee, an denen die Höhenwege still vorbeiziehen. Ein Stück Urwelt tritt uns schon in unmittelbarer Nähe des Marktes Matrei entgegen, wenn wir am Tauerntalwanderweg durch die romantische Prosseggklamm schreiten und an der Seite des schäumenden Baches den Sturz des Steiner Wasserfalles erleben und am Endpunkt den schönsten Talschluß der Ostalpen. Dort glaubt man, die Berge rufen zu hören, von den schneebedeckten Höhen und Gipfeln wird eine unwiderstehliche Einladung spürbar.

Europa-Panoramaweg durch das Goldried – Rotenkogel

14

Östlich des Marktes Matrei erhebt sich mit dunklem Felsbogen der Rotenkogel in den sommerlichen Wolkenhimmel. Die weit ausholenden Arme des Berges behüten das sonnüberflutete Goldried mit kleinem See, einsamer Hirtenhütte und – seit einigen Jahren neu – ein Bergrestaurant und Stationen der Liftanlagen.
Bis an die Schwelle der achtziger Jahre diente nur ein kleiner Sessellift am Inneren Klaunzerberg mit seinem Wendepunkt beim Berghof Pfaffeneben. Von dort führte ein Waldsteig zur Kerschbaumeralm ins Goldried. Der Bären- und Goldriedsteig verbanden zum Kals-Matreier Törlhaus, eine Rolle, die heute der Europa-Panoramaweg übernimmt und, wie sein Name verspricht, die Sicht auf über 70 Dreitausender preisgibt. Unvergessen bleibt der alte Bachweg zum Kals-Matreier Törl, jene leicht durchzuführende Tagestour, die bei uralten Kapellen am Klaunzbühel stimmungsvoll aus dem Talort führt. Von einer baumfreien Kehre kann man gut zum gelbbraunen Felswürfel des Falkensteines blicken, zu jenem waldumschlossenen lotrechten Gemäuer, von dem in der Sage von einem unzugänglichen Schloß auf seiner verwachsenen Kuppe die Rede ist. Dort soll eine habgierige „Falkenburgerin“ gewohnt haben, die ihren Reichtum dort verwahrte und ihre erblindete Schwester um ihr Erbe betrog. Alle Waldzugänge ließ sie streng bewachen, nur die Wand des Falkensteines konnte sie ruhigen Gewissens unbeaufsichtigt lassen. Heute wäre dies ein großer Fehler, denn dreimal ist die schwierige Wand schon durchstiegen worden.
Dem Falkenstein gegenüber liegt zwischen Bretterwand und Goldriedbahn auf einer Hangbrust Preßlab, der mit 1586 m höchstgelegene Weiler des gesamten Gemeindegebietes.
Die *Goldriedbahnen* prägen das neue Gesicht des Klaunzerberges. Knapp über dem Ostrand von Matrei, nur 200 Meter neben der Felbertauernstraße gelegen, hat sich die Goldried-Bergbahn-Talstation im Hang eingenistet. In Tuchfühlung steht das neuerbaute Goldried- oder Schwedenhotel. Der Mut zum Risiko hat der rührigen Gemeinde mit einer spürbaren Belebung des Winterfremdenverkehrs gedankt. Das still erhoffte Rendezvous mit Schnee und Winter ist im Goldried gut geglückt. Von 1000 Meter Seehöhe führen neben breiten Waldabfahrten und befahrbaren Waldwegen zwei Sesselliftstationen bis auf 2160 m, mit Berggasthaus und einzigartigem Panoramablick. Ins Herz des Goldried reicht noch ein Schlepplift, der auf halber Strecke die Richtung ändern kann.
Der Europa-Panoramaweg, der weitgehend eben und breit angelegt ist, durchmißt das Goldried im wesentlichen von Süden nach Norden und führt ab der Bergstation am Westfuß des Rotenkogels entlang. Vor uns ragen die Bretterwand und die Kendlspitze auf, die mit tafelbildenden Wandteilen unnahbar und im herben Kontrast zum Großglockner stehen, der reinweißen Keesböden entwächst. Über 70 Dreitausender tragen zur überwältigenden Fernsicht bei, daß wir fast übersehen, wie schnell wir uns dem 2207 m hohen Törlhaus genähert haben, wo mit dem Blick in die Schobergruppe ein weiterer Kulissenwechsel fällig ist. Der Promenadeweg führt auf der Kalser Seite, die dem Großglockner zugewandt ist und nach stimmungsvollem Verlauf bei der Glocknerblick-Bergbahn endet.
Der Rotenkogel steht wachend über dem Panoramaweg und lädt mit markiertem Steig am Nordgrat ein. Der aus dem Goldried kommende Bergwanderer wird dem Europa-Panoramaweg bis zur kleinen Hirtenhütte folgen und dann auf dem abgeflachten Rasenkamm auf die begrünte Erhebung des Zimarosses steigen, die vom Törlhaus auch ohne Schwierigkeit erreichbar ist. Die nächste Rasenkammerhebung ist ebenfalls unschwierig und stellt sich ähnlich fremdländisch als „Guarner“ vor. Jetzt wird der Nordgrat schärfer, er stellt uns einen felsdunklen Dreikant in den Weg, den der markierte Steig umgeht. Abschließend geht es über eine Blockhalde zum Südgipfel mit einfachem Kreuz und großartiger Sicht in das Gipfelmeer der Schobergruppe, zu den Eisbergen um den Großglockner und gegenüber zum Pulk des Großvenedigers.

Wegverlauf in Kurzfassung
Der breit angelegte Europa-Panoramaweg durchzieht das Goldried von Süden nach Norden, am Westfuß des Rotenkogels entlang zum Kals-Matreier Törlhaus, 2207 m, 1 Std., und führt weiter auf die Kalser Seite bis zum Glocknerblick-Sessellift; insgesamt 2¼ Std. Eine Rundwanderung mit Inanspruchnahme der Liftanlagen, „hüben wie drüben“, erlaubt der Panoramabus, der zwischen den beiden Talorten Kals und Matrei pendelt (Fahrtdauer ca. 1 Std.)
Zum Rotenkogel, 2762 m, führt ein markierter Steig über Zimaroß und den Nordgrat hinauf auf den Doppelgipfel mit Kreuz und Steinmann, 2 Std.

Nussing und Bretterwandspitze – zwei einsame Gipfel

15

2000 Höhenmeter überragt der „Wächter des Tauerntales“, der Nussing, den Markt Matrei und immer noch 1000 Meter beträgt die Höhendifferenz von der Äußeren Steiner Alm aus gemessen. Eine stolze Gipfelerscheinung, die nördlich mit sehr steilen Schrofenwänden zum Petersbach abbricht und sonnseitig mit braungrünem Rasenpelz gekleidet ist. Die Bretterwandspitze trägt das Kreuz der Matreier Feuerwehrkameraden, zum Gedenken der bei Murbrüchen tödlich Verunglückten. Diesbezüglich ist der Berg nicht unbescholten, denn wer einmal hoch am scharfgeschnittenen Südwestgrat in den tafelbildenden aalglatten Südabbruch, in die Bretterwand, hineingeschaut hat, weiß, welche Gefahr von diesem Berg immer noch ausgeht. Fast bis zu den Quellstuben hat man die Arme des Bretterwandbaches mit Talsperren in Fesseln gelegt. Man erzählt von einem eingeschlossenen See, tief in der schwarzen Seele der Bretterwandspitze, und schlundartige unerforschte Erdlöcher am Südwestgrat sprechen dafür. Von den Edelweißwiesen über das Putzkögele oder von der Äußeren Steiner Alm über die Westflanke ist der Gipfel zugänglich. Klein wirkt in der Ferne die Sudetendeutsche Hütte und auch die Muntanitzgipfel nördlich unseres Standplatzes.

Am Weiler Stein, 3 Kilometer nördlich von Matrei und felshoch über der Prosseggklamm, ist die erste Wegetappe erreicht, die mit dem Oberen Steiner Wasserfall ein Glanzstück wildbewegter Natur in sich birgt. In zwei großen Gefällstufen stürzt hinter sprühendem Wasserstaub der Steiner Bach in die romantische Prosseggklamm; es ist zu hoffen, daß dieses Naturschauspiel niemals von Menschen ohne Not zerstört wird. Eine Stunde wandern wir zu den Paarhofanlagen auf Stein, und eine weitere hinzugerechnet, dann ist mit der Inneren Steiner Alm der bessere Ausgang zum Nussing erreicht. Nun helfen lediglich Pfadspuren über die wellig ausgebreiteten, steilen Rasenflanken hinauf. Wo wir auf kurzrasigem Hang rechtshaltend den SSW-Grat betreten, leitet eine blaßrote Markierung dürftig zwischen Edelweiß und blauem Eisenhut empor. Das Trugenköpfl, eine hingestreute Felsgruppe, wird links umgangen und später weist eine schlanke Steinnadel die Richtung. Im gipfelnahen Bereich halten wir uns links des Grates und nützen höher oben noch bequeme Steinstufen, ehe der Kehrenpfad beim Vermessungszeichen nicht mehr weiter kann.

Die *Bretterwandspitze* begrenzt den Äußeren Steiner Almtrog östlich und vermag nur an Schönwettertagen einzuladen, an hellen und klaren Tagen einem Kristall gleich, der alle Strahlen zwischen Himmel und Erde bündelt. Somit ein Anstieg auf Widerruf, den Nässe und Frost sehr unsicher machen.

Vom Weiler Stein folgen wir dem Kehrensteig zur Äußeren Steiner Alm, die am Eingang in das langgestreckte Trogtal liegt.

Jenseits des Baches steigen wir die Bergwiesen an und erreichen den SW-Grat hinter dem Putzkögele, das ein Vermessungszeichen auf seiner Rasenhaube trägt. Noch haben wir die Bretterwandspitze nicht verdient und sie lenkt vorerst mit einem eindrucksvollen Tiefblick in die sonnerhellten „Bretterwände“ ab. Beim Kreuz vor dem höchsten Punkt endet eine durchaus nicht alltägliche und eine vielleicht etwas unterschätzte Bergfahrt mit großartigem Panoramablick.

Wegverlauf in Kurzfassung

Matrei, 977 m, ist Ausgangspunkt zum großartigen Steiner Wasserfall und zum Weiler Stein, 1396 m, 1¼ Std., den leider auch die Hochspannungsleitung berührt. In nördlicher Richtung zur Inneren Steiner Alm, 1770 m, 1 Std., und in weiteren 2½ Std. am SSW-Grat zum Gipfel (Vermessungszeichen).

Die Bretterwandspitze ist entweder von Glanz über die Edelweißwiesen und das Putzkögele, 2430 m, oder von der Äußeren Steiner Alm, 1909 m, 1½ Std. von Stein, über die Westflanke erreichbar, insgesamt 4–5 Std. Der obere Bereich ist stark geneigt und bei Neuschnee oder Frost gefährlich.

Beste Jahreszeit: Juli bis September.

← Das Goldried – im eisglänzenden Rahmen der Glocknergruppe.

↓ Die Bretterwandspitze – ein Schicksalsberg der Matreier Talschaft.

Der Sudetendeutsche Höhenweg – Traumweg in das Herz der Granatspitzgruppe

16

Höhenwege zeigen die Berge in der Farbigkeit ihres Ursprungs. Dem schauenden empfindsamen Wanderer öffnet sich für Stunden eine Welt, die wenig Vergleichbares kennt und in der Erinnerung noch lange weiterblüht. Der Sudetendeutsche Höhenweg führt in landschaftlich schöne, im Geländerelief verschiedenartige Gebietsteile mit dem allgemein gültigen „Startplatz“ beim Kals-Matreier Törlhaus. Von dort ist er in seiner vollen Länge mit 3 bis 4 Stunden ausgewiesen und Aushängeschild der Gemeinden Matrei und Kals.

Die „Eröffnungsetappe“ verläuft auf begrüntem und sanft ansteigendem Rasenkamm, der zwischen beiden Gemeinden grenzziehend wirkt und ungeahnt schöne Fernblicke zuläßt. Obwohl die Vordere Kendlspitze und die hellgrau getäfelte Bretterwand stets vor Augen liegen, lassen wir uns vom Großglockner begeistern und vom eisigen Gestade des Großvenedigers verführen, die mit ihrem Licht den Sudetendeutschen Höhenweg überströmen. Als typischer Flankenpfad führt der Höhenweg vom Hochtor in den zweiten Abschnitt und in das schweigende Dürrenfeld hinein. In diesem hochgehobenen, vegetationsarmen Bergkessel mutet die Welt fremd an. Auf den ersten Blick entsenden die steinübersäten Bergflanken der Kendlspitzen oder der Bretterwand kein sichtbares stürmisches Wasser oder auch nur ein verspieltes Bächlein. Doch wer genau beobachtet, wird beim großen Block am südlichen Ausgang des Dürrenfeldes, hinter einer Schneewehe versteckt, ein klares Wasser finden, das niemals besser schmeckt, als wenn es aus der hohlen Hand genossen wird.

Über die Kendlscharte leiten Steig und Stahlseil nördlich in das Gradetzkar hinunter, und auf wäßrig durchzogenem Moränengrund fällt uns der Schlußteil des Weges nicht schwer. Die von der Scharte gut sichtbare Sudetendeutsche Hütte ist seit 1929 die neuerworbene und endgültige Bergheimat eines leidgeprüften Volkes geworden. Derzeit plagen sich Freunde und Vereinsmitglieder mit der Sanierung der Hütte und mit der Fassung neuer Quellen. Ein großes Werk, das mit bescheidenen Mitteln und unter extremen Bedingungen großen Idealismus fordert. Einladend wirkt die windgeschützte Terrasse, auf der man, zurückgekehrt vom Großen Muntanitzgipfel, gerne sitzt und auf den langgestreckten Steiner Almtrog hinunterschaut. Wer weiter in die Ferne dringt, kann den harmonischen Konturen der Defereggger Berge entlangschweifen, die, von der Abendsonne und von den Kronzacken der Sextener Dolomiten überstrahlt, nur ungern vom Tag scheiden.

Der *Große Muntanitz* wurde erwähnt, ein Berg, der viele Bewunderer zählt und nördlich der Hütte hoch über dem Gradetzkees thront. Der Normalweg über das Kees ist leicht, jedoch nicht spaltenfrei. Anspruchsvoller und über fünf Dreitausender hinwegschreitend stellt sich der Karl-Schöttner-Weg vor, dem im Anschluß an eine detaillierte Beschreibung des Sudetendeutschen Höhenweges noch knapper Raum gewidmet sei.

Matrei und Kals sind Ausgangspunkte des Sudetendeutschen Höhenweges, von beiden Ortschaften erleichtern und kürzen Sessellifte die Bergfahrt ab. Folgen wir der Beschreibung vom Kals-Matreier Törl aus, wo uns Wegtafeln mit dem Aufruf zur Sudetendeutschen Hütte in ein großes Abenteuer in schöner hochalpiner Berglandschaft locken. Auf sanftem Rasenkamm und auf den grünen Erhebungen des Feldkopfes und der Kalser Höhe stimmen wir uns ein. Anschließend rücken die dunkelgrauen Felsgipfel des Ganotzkogels und der Blauspitze näher, in dessen Bund eigensinnig ein „riesiger Kalkkogel“, der Weiße Knopf genannt, dem Kamm entragt. Dort fällt der Steig in die linke Bergflanke ab und umgeht die Drillingsschneid mit spürbarem Gegenanstieg zum Hohen Törl. Eine Rastbank steht inmitten artenreicher Bergblumen, unter denen helle Margariten lachen. Der weiterführende Flankensteig schneidet westseitig in die grünen, relativ steilen Hänge ein, bis zum sog. „Hinterburger Bründl“ am Fuß der Vorderen Kendlspitze. Einige erdige Kehren und im Anschluß eine schuttüberstreute Hangquerung trennen noch vom Dürrenfeld, das mit eigentümlichem Zauber und für eine angenehme Weile uns aus festgefahrenem Alltag reißt. Groß steht der Steinmann auf der Kendl- oder Dürrenfeldscharte, von der aus die Sudetendeutsche Hütte und der Große Muntanitz das Blickfeld beherrschen. Gleitet die Scharte südlich sanft ins Dürrenfeld ab, so sind ihr nördlich wesentlich strengere Züge eigen. Steil und stahlseilgesichert führt der Steig ca. 80 Höhenmeter ins Gradetzkar hinab und läuft auf Altschnee und Gletscherschliffen aus. Verästelte Bäche, Abflüsse des Gradetzkeeses, durchziehen die Moränenböden, während die scharfgeformte Ufermoräne mit uns den Weg zur Hütte nimmt. Beim Gedenkkreuz sind wir dem Ziel schon auf Rufweite nahe. Im milchiggrünen Kleinsee spiegeln sich Hütte und Nussing in gediegenen Proportionen wider.

Eine abenteuerliche Route zum Großen Muntanitz verbürgt der Karl-Schöttner-Höhenweg, der nordwestlich im Rücken der Hütte, über Altschnee und Rasenhänge zu den rundgescheuerten Verwitterungsfelsen der Wellachköpfe ansteigt. Westlich tragen sie ein flaches Firndach und ostseitig stürzen sie mit aufregend schönen Wächten auf das Gradetzkees. Die unscheinbaren, die 3000-Meter-Grenze knapp überragenden Wellachköpfe heben sich nur gering vom Firnfeld ab und lassen sich genußvoll und gefahrlos überschreiten. Spürbar ernster gestaltet sich der Abstieg vom Kleinen Muntanitz, dort hilft ein Stahlseil, wenn wir im gutgestuften Fels mit Vorsicht dem Südsattel zustreben, der vom großen Brudergipfel trennt und das Kreuz der Bergrettung Matrei trägt. Der Abstieg führt zurück zum Südsattel, dort ostseitig über einen steileren Firnhang und über eine Randkluft auf das Gradetzkees hinab. Auf der wellig nach unten ausgleitenden Firnschleppe sollten wir einiger schmaler Spalten wegen das Seil zu Hilfe nehmen, um durch erhöhte Sicherheit das Bergvergnügen nicht aufs Spiel zu setzen. Auf ausfließenden Grundmoränen und neben geschwätzig schnellen Wassern blicken wir noch einmal zurück, bevor das blinkende Gipfelkreuz sich hinter aufgewölbten Keesböden senkt und eine herrliche Bergfahrt schon Teil unserer Erinnerung ist.

Über das sonnhelle Gradetzkees führt der Hauptweg auf den Großen Muntanitz. Der anspruchsvollere Karl-Schöttner-Weg übersteigt zur Linken die Wellachköpfe.

Wegverlauf in Kurzfassung

Beim Kals-Matreier Törlhaus, 2207 m, beginnt der Höhenweg auf sanftem Kamm, mit 3½ Std. bewertet. Im Bereich des kalkfreundlichen Weißen Knopfes, 2593 m, muß ein Höhenverlust in Kauf genommen werden, der beim Hohen Tor, 2477 m, 1¾ Std., wieder wettgemacht ist. Es folgt der Flankensteig in das touristisch interessante Dürrenfeld, das zwischen Bretterwand- und Kendlspitze trogartig eingebettet liegt. Nur noch die Dürrenfeldscharte, 2823 m, 1½–2 Std., trennt von der Sudetendeutschen Hütte im Vorfeld des Gradetzkeeses, dessen Nährgebiet am Fuße des Großen und Kleinen Muntanitz liegt. Höchste Erhebung der Granatspitzgruppe ist der Große Muntanitz, 3232 m, der entweder am Gradetzkees, 3 Std., oder wesentlich alpiner am Karl-Schöttner-Weg erreicht werden kann. Der Höhenpfad nimmt bei seinem Anstieg zum Großen Muntanitz, 3 Std., die Wellachköpfe mit 3037 m, 3117 m, die als unscheinbare Erhebungen leicht überschreitbar sind. Schwierigstes „Wegstück" ist der Abstieg vom Kleinen Muntanitz, 3192 m, der bei günstigen Verhältnissen mit Hilfe eines fixmontierten Stahlseiles kein Problem, bei widrigen Umständen aber undurchführbar sein kann.

Beste Jahreszeit: Juli bis September.

Der Große Zunig – Wachturm im Lasörlingkamm

17

An das ausmündende Defereggental im Süden, das vordere Virgental im Norden und das obere Iseltal an der Ostseite reicht der Kammfuß des Großen Zunig heran, der an seiner charakteristischen Form aus vielseitigstem Blickwinkel augenfällig ist: eine allseitig ebenmäßige, auf drei Graten aufstützende Pyramide mit schmal abgeflachter Gipfelkuppe. Der zentralen Lage wegen ist der Große Zunig ein hervorragender und unschwierig ersteigbarer Aussichtsberg.

Ausgangspunkt einer Zunigersteigung ist die sehenswerte St.-Nikolaus-Kirche, die am Nordfuß des Berges und leicht über die Matreier Au gehoben, das älteste bedeutendste Kunstwerk Tirols aus dem 12. Jahrhundert repräsentiert. Eine historische Stätte, an der ein verbliebener Römerstein auf eine ehemalige, über den Hangkegel von Ganz und Bichl führende Römerstraße hindeutet. Bemerkenswert ist, daß der wuchtige quaderförmige St.-Nikolaus-Turm mit den Kirchturmspitzen von Mitteldorf, Virgen und Obermauern auf eine schnurgerade Linie ausgerichtet ist.

Die schattseitigen Dörfer, Bichl, Waier, Ganz, bezeichnen Einheimische mit dem Sammelnamen „Echlerwasser". Dort bietet sich in Richtung Zunigalm eine Auffahrtsmöglichkeit von Bichl aus an.

Beim Gasthof Lukasser, rechts des Zunigbaches gelegen, löst die asphaltierte Straße ein Schotterweg ab, der zaungesäumt durch wellig aufgeworfene Wiesen führt. Zu langen Reihen aufgeschlossen drängen sich geschmeidige Weiden und stumpfe kurzastige Eschen in den Rainen und an der Schwelle zum Herbst stecken Birken helle Lichter an, die das Leuchten von der Sonne gelernt haben. Von der nahen Anhöhe grüßt das Lukasser-Kreuz in die Weitung des Matreier Talbodens, ein besinnliches Wanderziel, das Lärchen und Fichten mit Ehrfurcht bewachen. Wo die letzten Zaunpfosten im Wurzelgeflecht des Waldes Halt suchen, wandern auch wir unter den Fichtendächern zur Zunigalm empor; ein Weg, der teils schattig und kurzweilig ist und etwa zwei Stunden währt. Wer es eilig hat oder fürchten muß, für den Großen Zunig nicht mehr genügend Kraft zu besitzen, kann ab Bichl sein Auto zu Hilfe nehmen. Beim kleinen, auf eine Lärchenlichtung hingestreuten Almdörfl, mit der Jausenstation Zunigalm, sind wir direkt im „Vorhof" des Großen Zunig, der mit glasigen dunkelumrandeten Altschneeflecken zu uns herunterschaut.

Ein anderes Bergziel lockt unweit der Zunigalm mit einem vielversprechenden „Dolomitenblick". Dorthin folgen wir einem markierten Waldpfad (1 Std.) höher, bis von einer baumfreien Hangkanzel aus uns seit der Jugend vertraute und in zartblauem Dunst matt gehaltene Felsbilder der Dolomiten zuteil werden. Beim Anstieg zum Großen Zunig führt der Steig die schütteren Lärchenhänge zum Zunigsee hinauf, der hinter grünen Karriegeln liegt und an Schönwettertagen in faszinierendem Spiegelbild auch den Großglockner zu seinen Besuchern zählen darf. Bei soviel Glanz, den die Berge verbreiten, beachten wir den gebrechlichen fensterlosen Unterstand am Seeufer nicht und steigen lieber 10 bis 15 Minuten östlich an, wo Wegtafeln zwei gute Vorschläge präsentieren. Entweder direkt zum wuchtigen Steinmann in der Zunigscharte, oder am neuangelegten Franz-Steiner-Weg über den Gipfel des Kleinen Zunig. Vier Rastbänke am Gipfel lassen die gute Aussicht bequem genießen und fast vergessen, daß der Steig noch bis zur Zunigscharte weiterführt. Dort leitet ein ausgetretener, teils felsdurchzogener Steig am SO-Grat zum Hauptgipfel, der Trittsicherheit erfordert und im oberen Bereich zweimal leicht auf Blockhalden der Südseite ausweicht. Beim einfachen Kreuz auf der schmalen Gipfelschneide lassen sich drei Bergseen zu unseren Füßen, ein Meer von Gipfeln in Augenhöhe sowie Sonne und Wolken hoch über unseren Häuptern im Bild einfangen.

Wegverlauf in Kurzfassung

Die zentrale Lage des Großen Zunig, in der Mitte Osttirols stehend, spricht allein schon für die großartige Aussicht, die wir vom Gipfel aus genießen. Die schattseitigen Weiler Bichl und Ganz (1 km südl. von Matrei) sind Ausgangspunkte zur Zunigalm, 1846 m (Jausenstation, Forststraße, 2½ Std.). Der gut markierte Steig passiert den Zunigsee, 2012 m, ¾ Std., die Zunigscharte, 2355 m, ½ Std., von der aus der Gipfel, 2771 m, leicht erreichbar ist (2½ Std. von der Zunigalm, 4–5 Std. von Matrei). Der Franz-Steiner-Weg auf den Kleinen Zunig, 2443 m, 1¼ Std. (10–15 Min. östlich des Zunigsees), birgt 2 seilversicherte Passagen im Anstieg, die problemlos zum Gipfel helfen. Der Abstieg zur Zunigscharte ist ca. 70 Schritte südlich zu finden.

Beste Jahreszeit: Juli bis Oktober.

Über dem Arnitzsee türmt sich der Große Zunig zum Mittelpunkt Osttirols auf.

Malerische Bergseen hoch über der Felbertauernstraße

18

Der etwas pathetisch klingende Titel bezieht sich auf den östlichen Gebietsteil der Venedigergruppe, den zwei große Täler zangenförmig umfassen: im Süden und Westen das hochgelegene Frosnitztal, im Osten und Norden das Tauern- und Gschlößtal. Die abgelegene Berglandschaft bäumt sich zum Gschlößkamm auf, in dem der Wildenkogel als einziger Dreitausender eine strenge Regentschaft ausübt. Streicht der Gschlößkamm eher „sanft" ins Frosnitztal ab, so brechen die Osthänge mit grauen Mauern durchschnittlich 1000 Meter ins Tauerntal ab. Weiß und tosend schnellen die silbernen Wasser in die haltlosen Tiefen, ein Bild, das auch der zügig auf der Felbertauernstraße Fahrende durch betonumrandete Galerienfenster sieht.

Wasserfälle und Bergseen prägen die hochalpinen Zonen dieser berühmten Berggruppe in Osttirol, die von Erschließung verschont und von touristischem Zuspruch freigeblieben ist; somit ein Ziel für Menschen, die dem Abenteuer auf der Spur sind und das Alleinsein vertragen.

Zum *Löbbensee* hoch über dem Matreier Tauernhaus halten wir uns am schattigen Bergfuß nördlich des gischtenden Löbbenbaches. Ein verwachsener Steig führt die erste Hangstufe hinauf, windet sich durch einige Moorstellen und umläuft knorrige Lärchen, die uns eine ¾ Std. lang bis zum tobenden Löbbenfall begleiten. In einer darüber ausgestreckten, von Almrosen geschmückten Verebnung suchen wir den dürftigen Steig im talschließenden Steilaufschwung. Rechts des Baches gewinnen wir die Höhe der Trogstufe, hinter der tiefblau der Löbbensee ruht. Wir schreiten den linken begrünten Uferriegel aus und wenden uns dem bergseitigen kleineren Zufluß zu, der etwas vorschnell in einen blaßgrünen Eistümpel taucht und sich erst dann im Löbbensee beruhigt. Im südlichen Bergwinkel breitet sich eine Flachstelle aus, in der breit und seicht ein zielloses Bächlein einmündet und moorige Ufer schafft. Da fühlen sich weiche Moospölster wohl, die große Teppiche von grünem Samt und unbefleckter Reinheit bilden. Am wunderbarsten ist dieses Landschaftsidyll im Hochsommer, wenn das Wollgras mit weißen Blütenköpfen üppig dieses Plätzchen überschneit. Weiß, wie der erste, frischgefallene Schnee und zart sind die in den Sümpfen heimischen Riedgräser, die wir gemeinhin Sauer- oder Wollgras nennen.

Beim *Wildensee,* der eine Stunde höher liegt, den der Wildenkogelweg im weiten Bogen rechts umgeht, ist die alpine Landschaft herb und ohne floristischen Aufputz. Grobe, helle Granithalden, die schwer an den Ufern liegen, und Eiszungen, die triefend ins durchsichtige Wasser tauchen, prägen diese Höhenzonen und ergeben ein Bild, das aus ganz anderem Blickwinkel schön und eindrucksvoll ist.

Zu den *Quellstuben des Schildbaches* führt ein völlig vergessener Pfad in den Bergflanken hoch über der Felbertauernstraße. Vom Bachrauschen erfüllt sind die Tröge der Schildalpe hoch über den Hütten der Schildalm. Früher war dieses jahrhundertealte Almdorf ein stiller Hort, einsam und romantisch. Heute führt nur wenige Minuten entfernt die Felbertauernstraße vorbei und die Hochspannungsleitung surrt sogar über die Dächer der Alm hinweg. Folgen wir dem steingepflasterten Viehweg, der rechts des heiser grollenden Schildbaches steil emporführt und beim Bachknick ans linke Ufer wechselt. Eine schmale Hütte versteckt sich höher auf einem Lärchenrücken, eingefaßt zwischen Alpenrosen und schüchterner Waldrebe. Hier versiegt der Steig. In die Schildalpe steigen wir am besten nahe des verästelten Baches an, der über Felsstufen stäubt und sich zeitlos durch grüne Böden windet. Höher oben überrascht noch ein fächerartiger Wasserfall, der glucksende Gerinne aus den darüberliegenden Schneeböden saugt. Im obersten Trogboden wird die Schnitzkogelscharte sichtbar, die eine Stunde entfernt im Bann von Wind und Schnee liegt.

Der *Raneburgsee* liegt alltagsfern und doch in angenehmer Reichweite einer mittleren Tagesetappe. Gerne erinnern wir uns der lieblichen Raneburgalm und einer heiteren Stunde beim gleichnamigen See. Wer hat in der gastfreundlichen Hütte nicht vom Brot gegessen, das noch warm vom Ofen ist, die kühle Buttermilch probiert und vom Käse gekostet, der auf der Zunge schmilzt. Den bescheidenen Preis dem Wert der Gaben anzugleichen, hat die Mühlburgerbäuerin in all den Jahren nie lernen wollen. „Es wird der letzte Sommer sein", sagt sie scherzend, und doch klingt Wehmut mit, denn nach ihr wird der Herd kalt und die Hütte leer sein.

Von der Ortschaft Gruben trennt nur ein kräftiger Steinwurf den Weiler Berg, wo unmittelbar bei den drei Talstufen des Bergerbachls der Steig zum Raneburgsee ansetzt. Im Wald holt er nach rechts aus, berührt einen Staudengraben und schlängelt sich auf duftenden Bergwiesen höher. Immer größer wird der Abstand zur Felbertau-

Der Löbbensee und der Tauernkogel hoch über dem Matreier Tauernhaus.

ernstraße, die in der Tiefe und im Schatten zurückbleibt, während die winzige Hangterrasse mit der Raneburgalm Sonne und Wärme einfängt. Der See liegt eine knappe Stunde höher und ist neben seinem Abfluß auf Alpenrosenhängen zugänglich.

Wegverlauf in Kurzfassung

Der Ostteil der Venedigergruppe weist eine nur geringe Eisbedeckung auf. Geblieben sind herrliche Moränenlandschaften und Bergseen.

Vom Matreier Tauernhaus ist am schattseitigen Berghang der Anstieg zum Löbbensee zu finden, der tiefblau in einem noch begrünten Hangtrog ruht, 2225 m, 1¾–2 Std.

Knapp 300 Höhenmeter oder 1 Std. darüber verbirgt sich der Wildensee, den der Wildenkogelweg im weiten Bogen rechts umgeht.

Der Raneburgsee ist von Gruben bzw. dem Weiler Berg, 1273 m, aus zugänglich. Als liebgewonnene Stationen werden uns die Raneburgalm, 1943 m, 2 Std., in guter Erinnerung bleiben und der gleichnamige See, 1 Std. höher gelegen.

Beste Jahreszeit: Juli bis September.

Über Katalalm, Mitteldorfer und Zedlacher Alm zur Badener Hütte

19

Gruben, eine alte Bergbauernortschaft, liegt am Eingang ins Frosnitztal und bildet mit dem unmittelbar anschließenden Weiler Berg den Ortsverband „Seinitzen". Auf eine sonnige Berglehne gehoben, hat Gruben das Fluidum alter bäuerlicher Siedlungs- und Lebensgemeinschaft an sich. Auch der Weg in die Vergangenheit ist noch an Spuren ablesbar. So brannten vor 300 Jahren hier noch Kohlenmeiler und in einer Schmelzhütte sind Schwefel und Kupferkies weiterverarbeitet worden. Das verfallene Knappenhaus steht stundenweit entfernt im Frosnitztal hoch auf den Hängen der Zedlacher Ochsenalm, südwestlich der Michlbachspitze. Noch immer ist der an der Sonnseite des Tales, um 1630 erbaute Knappenweg begehbar, auf dem vorwiegend im Winter das Erz nach Gruben befördert worden ist. So verflechtet die Sinndeutung des Namens Gruben mit vergangener reger Bergbautätigkeit. Allein von 1537 bis 1605 soll es im Gebiet von Windisch-Matrei 180 Gruben und Schürfe gegeben haben, an deren streng geregelten Rechten mehr als 250 Matreier Anteil hatten und an die Erz- und Metallgewinnung große, doch meist vergebliche materielle Hoffnungen banden. Der Bergbau an der Wende vom Mittelalter zur Neuzeit, von 1450 bis 1500, und sein letztmaliges Erblühen um die Mitte des 18. Jahrhunderts raubte die Wälder im Frosnitztal aus und bewirkte ein Absinken der Baumgrenze auf 1600 m. Diesem Umstand ist glaubhaft zuzuschreiben, daß die Mitteldorfer und Zedlacher Alm nicht mehr mit Holz erbaut, sondern bis aufs Dach steingemauert sind; ein Bild, das sich auf keiner anderen Alm im Matreier Gemeindegebiet wiederholt.
Der Name Frosnitz ist slawischen Ursprungs. Urkundlich ist nachweisbar, daß die Katalalpe im 16. Jahrhundert ganzjährig bewohnt war: Ein nach heutigen Maßstäben nicht vorstellbares Leben, voll Entbehrung und Härte, wie es ansonsten nur Wildtieren eigen ist.
Der Aufbruch ins große Bergtal führt aus der Nestwärme des kleinen Ortes Gruben auf steilem zaungesäumtem Weg in 15 Minuten zu einem originellen Wegkreuz am Eingang ins Frosnitztal. Rechts des lebhaften Baches bahnt sich der Karrenweg die bewaldeten Berghänge hinauf und hält bei den Hütten der Unteren Katalalm kurz inne. Gerne lassen wir uns mit Milch auf einer sonnigen Bank vor weißgetünchtem Mauerwerk verwöhnen, ehe wir auf bequemem halbstündigem Weg die Mitteldorfer Alm erreichen. Mit den steingemauerten Almhäusern haben donnernde Frühjahrslawinen ein übles Spiel getrieben und manch Brauchbares mit in die enge Schlucht des Frosnitzbaches gerissen. Die Hohe Achsel begrenzt mit Steilflanken die Weitung der grüngeschweiften Talbiegung, durch die der Frosnitzbach mit lauter Stimme tollt. Links des Baches breiten sich die niedrigen Hütten der Zedlacher Alm aus, und langsam entrückt die uralte steinerne Alm unseren Blicken, wenn wir im Wettlauf mit dem Sonnenlicht des Nachmittags nördlich ausschreiten. Noch eine mühelose Talstufe, über die in dumpfen, einsilbigen Klängen der Wasserfall rauscht, dann sind die alte Hirtenhütte und das Wetterkreuz erreicht, sowie ein lieblicher Kleinsee, bei dem der von der Galtenscharte zumündende Venediger-Höhenweg einbindet. In der beengten Wasserfläche spiegeln sich Göriacher Röte und Ochsenbug, die mächtig, widerspenstig im Süden aufragen und Schirmherren des Virgentales sind. Unser Steig sucht nun die felsgraue Einöde und die Halden, welche bis zum kraftvollen Frosnitzbach reichen. Graublau ist der scharfe Moränenwall des Frosnitzkeeses, auf dessen Scheitel das abseitsstehende Winterquartier und anschließend die Badener Hütte mit vorspringenden Erkern und zweifarbigen Fensterläden erreicht wird.

Wegverlauf in Kurzfassung
Gruben, 1164 m, liegt etwas abseits der Felbertauernstraße, 6 km nördlich von Matrei, am Eingang in das Frosnitztal. Rechts des Schluchtbaches steigen wir zur Katalalm an, 1725 m, 1½ Std. Wo der Weg anschließend kurzzeitig eben, ja sogar mit leichtem Gefälle weiterführt, begegnen wir der in langen Zeiträumen alt gewordenen Mitteldorfer und Zedlacher bzw. Frosnitzalm. 1842 m, ¾ Std. Der Weg schwenkt nach Norden, und gemeinsam mit dem von der Galtenscharte kommenden Venediger-Höhenweg erreichen wir den Frosnitzbach und die große Seitenmoräne des Frosnitzkeeses sowie nach insgesamt 4–4½ Std. die Badener Hütte. Erwähnt sei, daß die Brücke am Frosnitzbach nur während der Hüttenbewirtschaftungszeit benützbar ist, andernfalls abgetragen wird, somit das stürmische Wasser schwer überschreitbar ist.

Verfallene Knappenhäuser im Angesicht der Kristallwand.

Der Tauerntalwanderweg – zum schönsten Ostalpentalschluß

20

Der alte Tauernweg von Matrei bis zum Venedigerhaus in Innergschlöß birgt sein Herzstück in der Prosseggklamm. Dort ist der Weg in mühevoller Sprengarbeit schon 1902–1912 angelegt worden und bis Mitte der dreißiger Jahre führte durch die Schluchtenge der neunstündige Zugang zu den Prager Hütten.
Ein älterer Tauernweg, der bis vor der Jahrhundertwende der Prosseggklamm, einer tiefgeschnittenen Erosionsschlucht, auswich, war bereits damals ein bedeutender Zubringer zum eisfreien Felbertauernpaß. Die einmal geknüpften wirtschaftlichen Beziehungen der Lebensräume beiderseits der Alpen überwogen die Gefahren des Passes, dessen verbindende Kraft stärker als die trennende Wirkung der eisüberzogenen Alpengipfel war.
Aus der Mitte des Marktes Matrei ist der Tauerntalwanderweg, vorbei am Schloß Weißenstein, bis zur Kaltenhauser Brücke noch befahrbar. Eine von Gold-Pippau orangegelb übermalte Wiese leitet den bald beginnenden Felsensteig ein. Wohin soll man vor Überraschung zuerst schauen? Zum Tauernbach, der grünblau aus der Schluchtenge tritt oder auf die Felswände, die über uns lotrecht emporstreben. Der teils gesicherte Weg führt durch kurze Tunnels, hinter denen der Untere Steiner Wasserfall in den Schluchtgrund stürzt. Noch in dessen wildbewegtem Bereich liegt etwas oberhalb des schön angelegten Weges in einer schattigen Felsnische die Gedenkstätte der ÖAV-Sektion Matrei, während unten beim Tauernbach das Matreier E-Werk steht.
Schon etwas aus der Felsenge heraus erreicht man den breiten, von der St.-Anna-Kapelle ausgehenden Weg, der lange vor der Felbertauernstraße, die den Sonnseithang durchschneidet, das Tauerntal erschloß. Die Pumpstation der Transalpinen Ölleitung und die Hochspannungsleitung bleiben jenseits des Baches, wir wandern linker Hand bergseitig hinauf durch Wald und Wiesen zur Brücke am Frosnitzbach und den schon sichtbaren Häusern von Gruben. Die Weiler Gruben und Berg leiten den zweiten Abschnitt des Tauernwanderweges ein, und mit leichtem Gefälle erreichen wir den letzten dauerbewohnten Berghof auf Raneburg. Dort wechseln wir auf die Sonnseite des Tauernbaches und lassen uns abwechselnd durch Wald und neben Blumenwiesen durch das schlichte Bergtal führen, in dem die ausgediente Landecksäge einmal wirtschaftlicher Mittelpunkt war. Beim Landeckbach, der hektisch aus seinen heimatlichen Granatspitzbergen stürmt, ist die erste Weghälfte stimmungsvoll hinter uns. Wir spüren kaum die geringe Steigung und wekken die Romantik in einem Waldstück und am sog. Aschenbichl, bevor wir zur Hüttengruppe der Schildalm gelangen. Daß Reiz und Abenteuer uns auch auf einfachen Wegen begegnen, dafür verbürgt der Tauernwanderweg bei den wirbelnden Wassern des Schildbaches oder später, wenn das dumpfe Brausen des Löbbenfalles durch die Talaue bis zum Matreier Tauernhaus weht.
Vor dem Schlußstück, dem dritten Wegabschnitt, muß der Wunsch, den weißen Eisbergen im schönsten Talschluß der Ostalpen ins Gesicht zu schauen, noch gezähmt werden. Vorerst gilt es in Kehren auf die Anhöhe der Hohen Achsel, der Scheitelstelle des Tauernwanderweges, anzusteigen, dort erst werden die Eispaläste sichtbar. Unter uns liegt nach der Engstelle des Tales die dicht verschachtelte Hüttengruppe von Außergschlöß, nah am schäumenden Bach, den wir erst nach dem urwüchsigen Rastplätzchen „Gölb“ überschreiten, um in der kühlen Felsenkapelle wenige Minuten vor Innergschlöß für einen herrlichen Tag zu danken.

Wegverlauf in Kurzfassung
In drei Abschnitten führt der Tauernwanderweg (Nr. 925) von Matrei nach Innergschlöß, ca. 18 km, 6–7 Std., von 1000 m auf 1700 m Seehöhe ansteigend.
Das erste Teilstück, von Matrei, 974 m, Prosseggklamm – Gruben, 1164 m (Jausenstation), ca. 1¾–2 Std. (Jausenstation). Teilstück II, von Gruben und Berg, 1273 m, zum Matreier Tauernhaus, 1512 m, 3–3½ Std. Das Abschlußstück zum schönsten Talschluß der Ostalpen nach Innergschlöß, 1691 m, beträgt 1½–2 Std.
Für die gesamte Streckenbegehung ist die Tauerntalwandernadel bei Vorweis der Kontrollstempel (Gruben, Gasthof Stampfer – Matreier Tauernhaus sowie der Jausenstation „Einkehr“ in Außergschlöß und „Venedigerhaus“ in Innergschlöß) erhältlich.
MTH und „Einkehr“ liegen abseits und können am Rückweg nachgestempelt werden. TWW-Nadel beim FVV Matrei.
Empfehlenswerte Jahreszeit: Mai bis Oktober.

Vom Gschlößbach umrauscht, liegt das Almdorf Außergschlöß am Zugang zum Schlatenkees, dem schönsten Talschluß der Ostalpen. Die breite Touristenstraße wird bald von Alpinsteigen abgelöst.

Der Gletscherschaupfad – Innergschlöß

21

Der Weg ins Gschlöß steigt vom Matreier Tauernhaus gleichmäßig über die Wiesen der Wohlgemuthalm in den schattigen Bergwald an, um die Stufe, die das Matreier Tauerntal abschließt, zu erklimmen. Durch die schmale Talöffnung, von der schäumend und im aufregenden Sturz der Dichten- und Tauernbach sich vereinen, schimmern im Licht von Sonne und Eis der Kleinvenediger und die Schwarze Wand am Schlatenkees. Über die Schwelle des Felsriegels tretend, entfaltet sich der gewaltige eisige Talschluß, der jährlich viele Tausende Menschen in seinen Bann zieht. Zwischen Weg und Bach drängt sich das Almdorf von Außergschlöß, ein bäuerliches Kulturdenkmal mit langfristig geregelten Weiderechten. Im „Getrete“, wie die Matreier sagen, bahnt sich der Weg eben zur Gschlößkapelle, die zwischen Felstrümmern eines Bergsturzes ein außergewöhnliches Heiligtum im Lande darstellt. Wenig später kehren wir beim Venedigerhaus in Innergschlöß ein.

Das Gschlöß, das seinen Namen nicht durch seine Eingeschlossenheit, sondern durch uralte vordeutsche Nutzung erhalten hat, leitet sich ab von slawischen Almbauern und Bergleuten aus der Zeit der Völkerwanderung. Die alte Form „Scheleß“ (zelezo = Eisen) deutet so wie der Name Schlatenkees (zlato = Gold) auf Erzfundstätten hin. Mit neun Quadratkilometern zählt das Schlatenkees zu den größten Eisdecken des Venedigergebietes. Dorthin entführt uns der Gletscherweg, ein äußerst empfehlenswerter naturkundlicher Rundgang, der bei der Gschlößbrücke im Talschluß beginnt. Ein alter Hirtensteig lenkt in südliche Richtung entlang der Endmoräne, die aus Vorstößen des Schlaten- und Viltragenkeeses stammt. Bald schon hören wir im Grünerlengehänge das dumpfe Grollen des Schlatenbaches, und nach etwa 1½ Stunden liegt die Berglandschaft wie verzaubert vor uns: vieltausendjährige Moränen halten den Salzbodensee und etwas höher einen blühenden Tümpel gefangen, den die Hirten „Auge Gottes“ nennen. Die große 1850er Moräne grenzt das Landschaftsidyll vom Schlatenkees ab, an dessen Eiszunge entlang der Gletscherweg zum Nordufer führt. Er zeigt ein anschauliches Beispiel von einem vom Gletscher überformten Relief. Die Felsen schillern mancherorts in den Farben des Regenbogens und an steilen Felspassagen fallen Sickerwasserstriche auf, die durch Blaualgen dunkel wie Tinte aussehen. In Spalten und Nischen vegetieren Algen und Pilze.

Wegverlauf in Kurzfassung
Der Weg ins Gschlöß ist ab dem Matreier Tauernhaus für Pkws mautpflichtig, allerdings von 9 bis 17 Uhr gesperrt. Pferdekutsche nach Bedarf. Der Gletscherweg führt ab dem Talschluß links in 1½ Std. zum malerischen Salzbodensee, 2137 m, und zweigt etwas höher beim Auge Gottes (großer Steinmann), die 1850er Moräne, den Karls- und Schlatenbach überschreitend, zur Eisstirne des Schlatenkeeses ab. Entweder am Nordufer zu den Prager Hütten empor oder in 1 Std. auf den Gschlößboden. Rundwanderung insgesamt 4 Std. Beste Jahreszeit: Juni bis September.

Ein Stück Urwelt aus der mit Maß und Gewicht spielenden Schöpferhand – das Schlatenkees.

Die St. Pöltener Hütte am Felbertauern – vom Wind des Tauernkogels umtobt

22

Die in vorrömischer Zeit im östlichen Alpenraum siedelnden Menschen bezeichneten mit dem Wort „Tauern“ alle wichtigen und eisfreien Übergänge am Alpenhauptkamm. Der Felbertauern als niedrigster „Paß“ war jahrhundertelang das bedeutendste „Tor“ in den nördlich der Alpen gelegenen Wirtschaftsraum. Der für Arbeit und Brot verbürgende, aber auch des öfteren in leidvolles Schicksal verwickelte Tauernübergang verlor seine ursprüngliche Bedeutung nach Fertigstellung moderner, die Alpen überbrückender Bergstraßen. Die Eröffnung der Felbertauernstraße 1967 hatte darauf keinen Einfluß mehr, wenngleich der touristische Wert des Felbertauern-Überganges eher bedeutungsvoller geworden ist. Dafür spricht das mit der Paßhütte verknüpfte Steigangebot, das westlich zu den Eispalästen des Großvenedigers und östlich in die Granatspitzgruppe bis zum Alpinzentrum Rudolfshütte am Weißsee reicht.

Bereits 1922 wurde das Schutzhaus am Felbertauern von der ÖAV-Sektion St. Pölten erbaut und knapp daneben ein Winterquartier. Das schwere Tauernkreuz, auf Gletscherschliffen eingepflanzt, und ein Gedenkstein der St. Pöltener Jungmannschaft unmittelbar vor der Hüttentür, sind beredte Zeugen der Hüttengeschichte.

Westlich entragt dem Felbertauern der schlanke Blockkegel des Tauernkogels, der auf markiertem Pfad zwischen Schnee und Geröll sich regen Besuches erfreut.

Neben der Steigvielfalt führen auch drei Hauptzugänge zur Hütte. Zu den landschaftlich schönsten zählt der große „Nordweg“ aus dem Felbertal, der zum Hintersee und im Bereich weiterer Bergaugen zum Übergang leitet, der nun seit sechs Jahrzehnten der St. Pöltener Hütte ein mitunter stürmisches Zuhause gewährt.

Die „Südwege“ haben ihren Ursprung beim Matreier Tauernhaus; dort wirkt der Venedigerblick-Sessellift wegverkürzend und wartet ab der Bergstation mit zwei getrennten Hüttenanstiegen auf. Der kurze Zugang und die historische „Paßstrecke“ leitet mit dem Panoramaweg ein, von dem aus die Sicht zur eisglänzenden Bühne der Venedigergipfel frei und ungetrübt ist. In ½ Std. münden wir im Trogtal mit dem Tauernbach ein, an dessen rechter Seite der Weg zur St. Pöltener Hütte am Felbertauern führt und auch weniger Trainierten eine Chance läßt. Der schönere und etwas längere Dreiseenweg leitet im Rücken der Bergstation eine moorige Hochweide links des entfächerten Messelingbaches den Berghang hinauf. Zur unbewirtschafteten Grünseehütte der Alpenvereinssektion Matrei muß der kräftige Wildbach überschritten werden, während auf der blockbedeckten Hangverflachung die Rastbank am Südufer des Grünsees ebenso links des Baches rasch erreicht ist. Die jetzt weiterhelfende markierte Route ist identisch mit dem St. Pöltener Ostweg, der vorerst zum malerischen Schwarzsee aufsteigt. Gefangen in herber Landschaft liegt der Wasserspiegel, aus dem silbern der Abfluß sich dem tieferen Grünsee entgegenwirft. Der Graue See überrascht ein Stockwerk höher; der Steig zieht am linken Ufer vorüber und der seichten Messelingscharte, der Scheitelstelle des Weges, zu. Die abschließende, knapp einstündige Schlußstrecke verläuft weitgehend eben, sieht man von der geringen Kammerhebung nach dem Alten Tauern ab. Umsomehr genießen wir die kleinen Schönheiten am Weg – die violetten Bergblumen in ihrer unendlichen Zartheit neben hart gefrorenem Schnee – und die herrlichen Schaustücke im strahlenden Reich des Großvenedigers. Im stimmungsvollen Einklang mit einem freundlichen Sonnentag offenbart sich ein Bild, das zu beschreiben nur untaugliches Stückwerk sein kann.

Wegverlauf in Kurzfassung

Beim Matreier Tauernhaus (ganzjährig bewirtschaftet, Großgasthof, Postautoendstelle), 1512 m, benützen wir den Venedigerblick-Sessellift, 1512 m bis 1986 m. Von der Bergstation (Restaurant) gibt es 2 günstige Hüttenanstiege: Am kürzeren Weg durch das Trogtal des Tauernbaches, 2–2½ Std.; oder am Dreiseenweg, 3 Std. Stationen sind die Grünseehütte (ÖAV-Sektion Matrei, nicht bewirtschaftet), 2235 m, ¾–1 Std., der Grünsee, 2246 m, Schwarzsee, 2344 m, und Grauer See, 2500 m, zur Messelingscharte, 2563 m, 1 Std. Ohne spürbaren Höhenanstieg zum Alten Tauern, 2498 m, und über den Weinbühel, 2545 m, zur Hütte mit eigenem Winterraum am Felbertauern.

Weitere Steige bieten sich von der Wohlgemuthalm, 1526 m, und von Außergschlöß zum Zirbenkreuz, 1984 m, 1¼ Std., und zur St. Pöltener Hütte (insgesamt 3–4 Std.). Sehr sonnig, auch mit Kindern möglich.

Beste Jahreszeit: Juli bis September.

Der Tauern- und Fechtebenkogel (links) bilden ein Glied im grenzziehenden Alpenhauptkamm.

Der St. Pöltener Ost- und Westweg – Einsame Routen am Alpenhauptkamm

23

„. . . Wanderungen machten wieder und wieder neu mein größtes Glück. Ich erfand, verknüpfte, arbeitete durch und war in der Stille mit mir selbst heiter und froh; ich legte mir zurecht, was die ewig widersprechende Welt mir ungeschickt und verworren aufgedrungen hatte . . .“. So J. W. Goethe über das Wandern im Alter von 70 Jahren. Ähnliche tiefe Worte gebrauchte ein schon älterer Wanderer und Arzt: Noch nie im Leben habe ihm die Natur mehr an Freude und Erkenntnis beschert als im fortschreitenden Alter. Freude, so fuhr er fort, da er jetzt die Natur erlebe in einer Intensität, wie nie zuvor und er mit gesteigertem Interesse all die Geheimnisse und Geschehnisse betrachte, die sie nun einmal in sich berge. Gewonnene Erkenntnis werde indes dem reiferen Wanderer durch innere Einkehr zuteil, die Natur verhelfe mehr denn je zum Nachdenken über sich selbst und die Größe des Sternenhimmels; man erfahre den Kreislauf des Werdens und Vergehens und man erkenne die Grenzen und Möglichkeiten seines menschlichen Wesens.

Die Königsetappe alpiner Höhenwanderungen, der 8- bis 10stündige St. Pöltener Ostweg, durchmißt auf eindrucksvollen Fels- und Schneelandschaften die Granatspitzgruppe. Das Kriterium der Strecke, die nach dem Bergsteiger Donabaum benannte gleichnamige Scharte, ist Höhepunkt und schwierigster Steigteil zugleich. Der ÖAV verlegte 1982/83 diesen Steigabschnitt über die Haupmer- und Wilde-Mander-Scharte. So ist der alpinste Teil entschärft, wenngleich der Ostweg nach wie vor durch den vollen Tag führt.

Über die zwei niedrigen Kammgipfel zum Alten Tauern entfernt sich der Ostweg von der St. Pöltener Hütte; bald wird der Hochgasser auf seinen Südwesthängen umschritten und mühelos der sanfte Anstieg zur Messelingscharte bewältigt. Gegenüber des Tauerntales sind inzwischen längst die Venedigerberge mit Sonne und Schnee in helles Licht getaucht, hell wie die Seen auf der anderen Seite der Messelingscharte. Der Steig führt an den rechten Ufern der Seen abwärts, in gleicher Richtung mit dem Abfluß des Grauen und Schwarzen Sees, der mit silbrigem Schwall dem Grünsee entgegenstürmt. Eine Rastbank erwartet uns am Südufer oder 150 Schritte tiefer die Grünseehütte, zwischen haushohe Blöcke gestellt. Der St. Pöltener Ostweg führt in einer großen Südschleife um das Daberkögele herum und mündet in das weltferne Dabertal ein, in dem geologische Besonderheiten in großem Stil augenfällig werden: riesige, vom Gletscher entworfene Kartreppen, die dem Maß der Berge, keineswegs aber unserer Kleinheit entsprechen. Oberhalb des Dabersees löst sich die neue Variante des Ostweges vom alten bislang benutzten Weg und stellt zwei Steigpassagen zur Auswahl, die Ausdauer und absolute Trittsicherheit voraussetzen.

Der alte Wegverlauf über die Donabaumscharte wird von Gletscherschliffen, wasserüberronnenen Felsplatten und groben Moränenzügen geprägt, die oberhalb des trübgrünen Dabersees gegen das gleichnamige Kees angrenzen. Links von der Eismitte turnen wir auf einer groben Blockmoräne höher. Mit einem meist geschlossenen Schneefeld zeigt der Übergang zur Donabaumscharte südostseitig sein harmloses Gesicht. Auf der Seite gegenüber bricht die schmale Felslücke steil gegen Norden ab und hat bei ungünstiger Witterung nicht selten schon einen Abbruch der Höhenwanderung erzwungen. Das hier fix montierte Stahlseil ist von großem Nutzen und reicht etwa 30 Meter auf ein felsdurchsetztes Schuttband hinab, das westlich zur Amertaler Scharte weiterhilft.

Der Landeckkogel, mit einer kleinen Kletterstelle und einer seilversicherten Felsschneide, gestaltet den weiteren Weg. Bemerkenswert ist der Tiefblick zum Amertaler Stausee und zur Felbertauernstraße, auf der die Menschen kaum einen Blick für die Gipfel übrig haben. Dabei ist gerade uns jetzt erlaubt, den eigenwilligen Gipfel des Landeckkogels zu beachten, der mit seinen gebündelten, scharfdurchsägten Steinnadeln äußerst gebrechlich wirkt; schräggestellte, schlanke Felsschichtungen, die ein festsitzender Klemmblock noch zu spalten droht.

Vor dieser gesplitterten Spitze schwenkt der Kehrensteig zur Karl-Fürst-Hütte hinunter, ein unbewirtschafteter und dennoch schützender Hort, kunstvoll aus kantigem Stein erbaut. Über den Rabenstein führt der Ostweg zum Prägratkees und zur Granatscharte, wo die Scheitelstelle im Angesicht der Glocknergruppe ein völlig neues Blickfeld schafft.

Am Sonnblickkees, das mit sanften Wogen zum Weißsee absinkt, klingt unser Marsch durch wechselnde Berglandschaften aus. Da kann uns eine Schneerinne oder zur Rechten eine

---

Wo der Schändlersee zeitlos in ein Hochmoor sickert, führt der St. Pöltener Ostweg quer durch die Granatspitzgruppe.

teils versicherte Fels-Rasenstufe am ausfließenden Sonnblickkees kaum noch aufhalten, ebensowenig wie das stark geneigte Weißseekees am Bergfuß des Tauernkogels, ehe wir mit dem vom Kalser Tauern herabziehenden Steig Kurs in Richtung Alpinzentrum Rudolfshütte nehmen.
Der neue Verlauf des St. Pöltener Ostweges wurde von dem Matreier Georg Preßlaber über die Wilde-Mander-Scharte verlegt. Bei der Südspitze des blaßgrünen Dabersees zweigt er ab und leitet durch graues Ödland mit eishellen Tümpeln und einander überlagernden Moränenwällen. Zuerst überschreiten wir die Haupmerscharte, dann die von pechschwarzen Felstürmen bewachte Wilde-Mander-Scharte. Überall herrscht entlegene Bergwildnis, Blockhalden und Trümmerfelder, die gelegentlich auf unserem Weg gegen das Landecktal eine steile Schneerinne unterbricht. Beim stark verlandeten Schändlersee sind wir der Karl-Fürst-Hütte bis auf eine halbe Stunde nahe gekommen und erreichen das Prägratkees in Richtung Granatscharte, die wir bereits vom alten Wegverlauf her kennen.
Am *St. Pöltener Westweg* zu den Prager Hütten in das Reich der Großvenediger-Gipfelmitte erleben wir den Auftakt der Wanderung in den Sonnenhängen des Alpenhauptkammes. Schon bald nach der St. Pöltener Hütte streicht der Westweg an einer von Sand umstreuten Lacke vorbei und übersteigt die südlich ausklingenden

Rücken des Fechtebenkogels und Weißenecks. In ca. 2500 m Höhe wandern wir auf der Südschulter der Kammgipfel westwärts über den von Moränen abgedämmten Keespöllachsee hinweg, mit stetem Tiefblick in die Talenge von Außergschlöß. Jenseits davon schimmern Eisberge, die besonders schön beim sog. Zeigerpalfen, einem grünumrandeten Kleinsee, zu schauen sind. Erst nach einer knappen Stunde verlieren wir allmählich dieses Bild, wenn der Steig in hellgraue Blockhalden eintaucht, die zum Gletscherbach aus dem Viltragenkees hinunterleiten. Über eine Brücke ins Nordgehänge des Vorderen Kesselkopfes, hinauf auf die mit Schneeflekken garnierten Gamsleiten. Die Prager Hütten liegen südseits des Vorderen Kesselkopfes.

Was ist von der Herrschsucht vergangener Geschlechter geblieben? Bröckelndes Mauerwerk der Ruine Rabenstein.

Wegverlauf in Kurzfassung
Der *Ostweg* verläßt die St. Pöltener Hütte am Felbertauern, 2481 m, südöstlich in das Herz der Granatspitzgruppe, 8–10 Std. bis zum Alpinzentrum Rudolfshütte am Weißsee, 2311 m. Die Höhenwanderung ist an gutes Sommerwetter gebunden, verlangt Ausdauer und Bergerfahrung. Auf halber Strecke bietet die unbewirtschaftete Karl-Fürst-Hütte, 2629 Meter, Schutz bei Schlechtwetter, 8 Lager, Decken, kein Holz.
Die wichtigsten Stationen des Ostweges sind: die Messelingscharte, 2563 Meter, 1 Std., Grauer, Schwarzer und Grünsee, 2246 m, ¾ Std. Wir umschreiten das Daberkögele südlich und gelangen nach 1½ Std. zum Dabersee, 2424 m. Dort verzweigt der Ostweg: die alte Route führt über die Donabaumscharte, 2760 m, 1½ Std. (schwierigste Stelle beim Abstieg nach Norden) über die Amertaler Scharte, 2699 m, ½ Std., fast bis auf den Landeckkogel. Abstieg zur Karl-Fürst-Hütte und über den Rabenstein, 2873 Meter, auf das Prägratkees und zur Granatscharte, 2974 m, 2–2½ Std., oder von der Karl-Fürst-Hütte direkt dorthin, 2 Std. Am Sonnblickkees in 1½ Std. zur Rudolfshütte absteigen.
Der neue Wegverlauf zweigt beim Dabersee über die Haupmerscharte, 2527 Meter, ¾ Std., und Wilde-Mander-Scharte, ca. 2580 m, 1 Std., ins Landecktal ab und nähert sich der Karl-Fürst-Hütte von unten, ¾ Std.
Der *Westweg* (6 Std.) führt an der Südseite des Alpenhauptkammes entlang und verbleibt ca. 3 Std. in etwa 2500 m Höhe. Spürbarer Abstieg zum Viltragenbach (Brücke) und im Ost-, später Südgehänge des Vorderen Kesselkopfes zur Alten Prager Hütte (Weg Nr. 917), 2489 m. Zur Neuen Prager Hütte, 2796 m, hoch über dem Schlatenkees, braucht man ¾ Std. Wetterlage beachten.
Beste Jahreszeit: Juli bis September.

Das Lärchendach von Zedlach

24

Die windgeschützte günstige Lage am „Sonnendach" hoch über dem Virgental und dem Matreier Talboden mag schon in prähistorischen Zeiten eine Siedlungsgründung von Zedlach beeinflußt haben. Die erste urkundliche Erwähnung eines „Cetulic" datiert bereits aus den Jahren um 1022 bis 1036. Bekannt und berühmt sind die Lärchen im „Paradies", die älter als 500 Jahre sind. Um diesen urtümlichen Park als Erholungsraum und Ausflugsziel zu erhalten, ist der außergewöhnlich sehenswerte Lärchenbestand zum Naturdenkmal erklärt worden.
Von Matrei zweigt bei der Bruggerbrücke am Tauernbach die gut ausgebaute Bergstraße nach Zedlach ab, zu den sauberen, um die kleine Dreifaltigkeitskapelle gruppierten Holzhäuser. Der Woden- und Thiemeweg verästeln im Waldreichtum des Zedlacher Paradieses und führen an einem „Lärchenstadion" vorbei zu den einzelnen Almhütten am oberen Waldsaum empor. Auch ein alter Fußsteig geht von Zedlach aus, und er verdient es, einer Auffahrt vorgezogen zu werden. In diesem Fall bleibt ungleich mehr Zeit, in den hohen Hallen des Waldes den unberührten Wundern nachzuspüren. Auf sonnigen Bergwiesen, wo Arnika und lilafarbene Nelken blühen, finden wir Raststellen, von wo aus die Aussicht auf eisüberzogene Alpengipfel sich entzündet und mit Bildern der Schönheit im Grün der Niederungen verebbt.

Wegverlauf in Kurzfassung
Rund 280 m über Matrei (4,5 km entfernt) und dem Virgental liegen Zedlach und das berühmte Lärchenparadies. Im oberen Waldsaum gibt es einige private Hütten und seit 1983 eine Jausenstation. Von Zedlach sind die Berghöfe Strumer, 1451 m, und Hinteregg, 1433 m (mit Jausenstation), auf asphaltierter Straße zugänglich (7 km), zu empfehlen ist aber der alte Fußsteig. Für Kinder sehr geeignet. Empfohlene Jahreszeit: Mai bis Oktober.

Auf altem Kulturboden im Virgental

Der Iselfluß treibt von Westen auf den Markt Matrei zu und hat im Virgental seine höhere Trasse. Mehr als 20 Kilometer folgt in breiter Anlage die Virgener Talschaft dem Tagesbogen der Sonne. Im Norden umstellt als gewaltige Felsmasse die Virgener Nordkette, ein Ausläufer der Eichamgruppe, die durch Felsstürze und Schuttkegel schräg gestellte Talsohle. Diese Bergszene ist Virgens Schmuck und Schutz gegen die rauhen Bergwinde. So ziehen im Sonnenspeicher Virgental milde Sommer über die Fluren und lassen auf 1200 m Seehöhe noch bekömmliches Obst heranreifen. Das Innere Virgental endet am Fuß der weißen Eisberge. Ihr Anblick macht glaubhaft, daß nah über Gärten und Anger sich schon der mächtige Eispulk des Großvenedigers erhebt.
Das letzte Eiszeitalter hat in den Alpen viel Gutes gestiftet und formschöne Landschaften geschaffen. Die eiszeitliche Vergletscherung hat im Virgental eine Höhe von 2400 m erreicht, was zu einem vielfachen Überfließen des Lasörlingkammes nach Süden führte. Nur wenige Gipfel entragten der geschlossenen Eisdecke. Die Rückbildung der großen Eismassen war von neuerlichen Vorstößen unterbrochen, deren letzter bedeutender vor mehr als 10.000 Jahren noch einmal neue Linien in die Landschaft zeichnete. Ein schönes Denkmal eines großen Vorstoßes bildet die Gschnitzmoräne, die mitten durch das Pfarrdorf Prägraten zieht. Das Virgental trennt die Venedigergruppe vom Lasörlingkamm im Süden.
Mehr als zwanzig Schutzhütten und höhenerprobte Jausenstationen zählen wir in 22 Seitentälern und hoch ineinander verschachtelten Bergtrögen, die aus Nord und Süd kommend im Virgental einmünden, sowie aus dem Westen das Umbaltal.
Grüngesäumte Spazierwege verbinden die Hauptorte Mitteldorf, Virgen, Obermauern und Welzelach, die innerhalb der Stegachtunnels noch die Ortschaft Bobojach, Prägraten und Hinterbichl in ihrer Schönheit erfassen. Seit rund 50 Jahren erschließt eine gut ausgebaute Straße das Virgental, und nur mehr die ältesten Bewohner wissen um den elenden Karrenweg, der bis 1930 schattseitig des Tales und jenseits der Isel sich taleinwärts schlängelte. Der schluchtartige Isellauf vor Welzelach hat immer schon den Weg- und Straßenbau erschwert und noch viel mehr die Anlage einer Römerstraße aus grauer Vorzeit vor erhebliche Probleme gestellt. Damit sei erlaubt, kurz auf die historische Entwicklung des Virgentales einzugehen.
Steinzeitliche Funde erleichtern, der Besiedlung auf die Spur zu kommen, die vergleichsweise im Lienzer Becken in der Zeit vor 2000 v. Chr., im Virgental erst viel später feststellbar ist. Die Schätze der Berge, vorrangig Gold und Kupfer – eine homogene Fundreihe stützt diese These – mögen die ersten Menschen angelockt haben, während eine ständige Besiedlung des Virgentales ab der 1. Hälfte des 2. Jahrhunderts ablesbar ist. Die ersten Knappenorte in den Bergen datieren aus der Bronzezeit bis Ende des 13. Jahrhunderts v. Chr. – eine Epoche, die um die Mitte des 1. Jahrhunderts von ergiebigen Eisenfunden im Virgental abgelöst wurde.

Einmal im Jahr entzünden Lärchen die Sonnenhänge des Virgentales.

Dem kriegerischen Einbruch und Vormarsch der Kelten bis Virgen ist ein intensivierter Bergbau zuzuordnen und in der Folge geschäftliche Beziehungen mit den Römern, von denen letztlich die Kelten überrollt worden sind. Das sog. ferrium noricum, das älteste staatliche Gebilde im Ostalpenraum, wurde römischer Oberhoheit unterstellt und öffnete im schleppenden Ablauf langer Zeiträume gemessen dem Christentum das Tor ins Land. Man vermutet, daß unter der heutigen Wallfahrtskirche in Obermauern der erste christliche Sakralbau errichtet worden sein soll. Das glorreiche Kapitel des römischen Imperiums beenden die Stürme der Völkerwanderung und zügellose barbarische Horden, die nicht nur Aguntum, die wichtigste Stadt Norikums, wiederholt plünderten und niederbrannten. Sie drangen auch in die Abgeschiedenheit der Bergtäler vor, wenngleich das Virgental nur indirekt von den folgenden „dunklen" Jahrhunderten berührt schien. Der Zusammenprall der Bayern mit den Slawen auf verlustreichem Kampfboden in Osttirol führte aber auch zur „Einnahme" des Virgentales durch Slawen, die ihren Sprachschatz fest in das Tal verpflanzten. Orts- und Flurbezeichnungen mit den Endungen -ach (Welzelach, Göriach, Haslach u. a.) oder -itz (Mellitz, Mullitz, Frosnitz u. dgl.) sind slawischer Herkunft. Erst durch Herzog Tassilo von Bayern und mit der Stiftung des Klosters Innichen im Jahr 769 n. Chr. tritt Osttirol wieder in das Licht der Geschichte und in den Einfluß einer weit um sich greifenden Christianisierung. Die Epoche einwandernder Stämme und unklarer Besitzverhältnisse beendete um 811 Karl der Große, der Bayern und eingedeutschte Slawen unter seiner Herrschaft einte.

Im 11. Jahrhundert tauchten die Grafen von Görz auf, die für das Virgental durch ein halbes Jahrtausend bestimmend sein sollten. Ihrem Drang nach Wehrfestigkeit und Schutz entstammen viele Burgen, zu deren höchstgelegenen das um 1409 erbaute Schloß Rabenstein oberhalb der heutigen Fraktion Mellitz zählte. Auch ein Schloß in Virgen wird 1253 erstmals urkundlich erwähnt. Die Ruine Rabenstein, der man die einstige Größe und Erhabenheit noch nachempfinden kann und die von Fichten und Lärchen immer enger umschnürt wird, verbirgt im oberen Ruinenteil, einer ehemaligen Schloßkapelle, noch Reste von Fresken aus der Schöpfung Simons von Taisten. Im Laufe der wechselnden Geschichte des Virgentales etablierten sich in langer Folge sog. Pfleger auf Rabenstein, die das Bauernvolk unterdrückten, und einen unermeßlichen Abgabenzwang kontrollierten. Da zudem Bauern in wirtschaftlicher Unfreiheit und auf ihren Höfen in vagen Pachtverhältnissen lebten, kam es im Jahre 1704 zur ersten heftigen Gemütsaufwallung, der später auch Bauernkriege folgten. Seit 1703 ist das Schloß Rabenstein unbewohnt und als Ruine bald Wohnsitz von Eulen und Nattern.

Um den Bergbau im Virgental etwas zu erhellen, ist noch einmal der Schritt in das 15. Jahrhundert, in die Blütezeit der Erzschürfe notwendig. Die Glaureter Gewerken entwickelten die größten Aktivitäten, denen lange Stillstände, dann wieder fieberhafte Neuschürfe folgten. So soll es zwischen 1530 bis 1770 im Berggericht Windisch-Matrei, dazu zählte neben dem Tauern-, Defereggen- und Kalser Tal auch das Virgental, nicht weniger als 582 erzfündige Stollen gegeben haben. Das Ende der Bergbauperiode bewirkte einerseits die Ausweisung der protestantischen Einwohnerschaft, zum anderen die geringe Rentabilität und das durchwegs alpine Gelände, das den Erztransport mitunter vor unlösbare Schwierigkeiten stellte. Den ewigen Kampf um das tägliche Brot verschlimmerten die auch auf das Virgental übergreifenden Kriegswirren mit opferreichen Höhepunkten beim Freiheitskampf um 1809, beim österreichischen Feldzug gegen Italien um 1866 und schließlich die beiden Weltkriege, in deren grausamen Schatten sich Hungersnöte breitmachten. Aus der spürbaren Not und Verzweiflung führte eine tiefe Gläubigkeit, die sich in vielstündigen Wallfahrtsstrecken widerspiegelt und den Kirchen- und Kapellenbau schon in frühester Zeit förderte. Zu den bedeutendsten Gotteshäusern auf uraltem Kulturboden zählen die Pfarrkirche zum hl. Virgilius in Virgen, jene zum hl. Apostel Andreas in Prägraten, die Wallfahrtskirche in Obermauern, die Kirche zur hl. Magdalena in Mitteldorf, die Kapelle zum hl. Chrysanth und Sebastian in Hinterbichl sowie allerorts hauseigene Bildstöcke.

Ein paar Zeilen noch über die Wallfahrtskirche in Obermauern: Das Gotteshaus „Unserer lieben Frau vom Schnee" war nie eine eigene Pfarre, sondern immer Tochterkirche von Virgen. Die heutige Gestalt hat sie in der Mitte des 15. Jahrhunderts erhalten. Beim damaligen Umbau verblieben die Nordwand und ein Teil des Turmes. Wie die Pfarrkirche von Virgen hinterläßt sie auch heute noch den Eindruck einer Wehrkirche. Grabungen haben Skelett- und Münzfunde aus der Römer- und Völkerwanderungszeit freigegeben und deuten auf einen Friedhof im Einflußbereich des Nillbaches hin. Auf dem angeschwemmten Schuttkegel wurde eine Fliehburg erbaut und später erst, 1431 bis 1456, die heutige Kirche, eine spätgotische Landkirche mit Spitzbogenfenstern. Wenn man die stattliche Kirche betritt, ist man von der Aussagekraft der Fresken sofort gefangen. Simon v. Taisten, Hofmaler unter den Görzer Grafen, schuf das Werk.

Die Bonn-Matreier Hütte im Großen Nilltal – Die steinernen Treppen am Rauhkopf

25

Bei ungezählten Autofahrten durch das Iseltal hat uns der Hohe Eicham einen freundlichen Gruß aus der Venediger-Südseite entboten; ein abgerundeter, auffälliger Felsklotz mit zum Empfang ausgerolltem Eisteppich. Auf Dauer kann man sich dieser Einladung nicht entziehen, und noch ehe der Bergsommer sich über die Jöcher davonmacht, wollen wir ihm einen Antrittsbesuch abstatten.

Obermauern bei Virgen ist Ausgangspunkt und auf noch breitem Weg gelangen wir zum hochgelegenen Budamer Hof. Den Eingang in das schwungvoll ansteigende Nilltal bewacht eine sechskantige Maria-Hilf-Kapelle, wo abseits im Grün schwelgender Lärchenhaine bereits die ersten Almen winken. Ein markierter Steig löst sich nach kurzer Zeit vom breiten Weg und leitet, in steile Bergwiesen eckig eingegraben, zur Nilljochhütte am sogenannten Eselsrükken empor. Auf der nächsthöheren Verebnung stehen nußbraune und weiträumig umzäunte Almhütten, die weiter talaufwärts aus Holz und Stein gebaut und sommerbewirtschaftet sind. Hinter einem mächtigen Block verbirgt sich die aus Brettern einfach gefügte Talstation der Materialseilbahn, die mit öligen Drähten zur Bonn-Matreier Hütte hinaufgreift. In diesem Bereich holt der Steig spürbar nach links aus und umschreibt einen weiten Bogen durch den oberen Talschluß, wo am blocküberstreuten Sandboden der Venediger-Höhenweg aus dem Timmeltal einbindet. Eine knappe halbe Stunde trennt uns auf steingepflastertem Steig noch von der Hütte, die stolz und in allen südlichen Gebirgsgruppen sichtbar auf einem festgewachsenen Bergkamm steht. Im Rücken der hellverschindelten Hütte steht ein Kreuz der Felsenkapelle vor, und dahinter, fern, mit sandfarbenem Fels, der Hohe Eicham.

Dorthin führt der Steig durch das blockbedeckte steile Rauhkar hinauf. Am emporstrebenden Ostgrat, der einen unermeßlichen Tiefblick auf das Sailfrosnitzkees gewährt, erreichen wir das Kreuz am Sailkopf, der bereits ein selbständiges Ziel darstellt. Weite Gebietsteile der Venedigergruppe sind überschaubar und laden mit schneegesäumten Routen ein. Der nahe Hohe Eicham flößt uns auf den ersten Blick Respekt ein, scheinen doch das Nillkees steil und die gipfelnahen Platten glatt wie ein Spiegel. Der Schein trügt, denn wenn wir bei der Sailscharte stehen, verflacht das spaltenarme Nillkees und auch der Hohe Eicham ist ein wenig freundlicher geworden. Freilich ist Trittsicherheit und etwas Übung erforderlich, wenn wir das Kees auf seinem spitzzulaufenden Firnarm hinauf- und über die zweite Felsrampe nach rechts in die Gipfelwand einsteigen. Unvergessen bleibt dann die glückliche Stunde am hohen First, wo sich ein vielleicht langgehegter Wunsch erfüllt hat.

Den schönsten Eichamanstieg erlaubt der im Sommer ausgeaperte Südgrat. Am westseitigen, höhergelegenen Nillkeesufer sonnt sich in einer hellbraun getönten Gratmulde die Eichamscharte, aus der eine lose aufgeschüttete harmlose Geröllflanke aufsteilt. Ein formlos aufragender, überaus zersplitterter Gratkopf, der es weder wert ist, einen Namen zu tragen, noch betreten zu werden, wird vorteilhaft rechts auf einem Blockband umgangen. Noch vor dem Gipfelfels erfordern zwei Kletterpassagen die Sicherung Bergunerfahrener.

Der *Rauhkopf,* ein Berg für jedermann, ragt nördlich der Bonn-Matreier Hütte auf, ein dankbarer Dreitausender, aus der Garde stolzer Venedigerberge, mit einer ungeahnt schönen und reichen Fernsicht. Dankbar, weil er von allen Hüttenbesuchern, die ein Mehr an Höhe vertragen und schwindelfrei sind, in relativ kurzer Zeit erstiegen werden kann. Reich an Fernsicht, da sie neben allen bekannten Gipfeln auch ein Dutzend Gletscherzungen zeigt, die in den Sommern 1982 und 1983 bis an die Grenzen der Nährgebiete ausgeapert sind.

Aus der nur 20 Minuten entfernten Kälberscharte richtet sich der Südgrat auf, der mit einem Kehrensteig, später mit Steintreppen den Gipfelgang erleichtert. Zyklopische Blöcke im oberen Bereich schaffen eine Welt, die an manchen Tagen uns allein gehört.

Wegverlauf in Kurzfassung

Ausgangspunkt ist Obermauern, 1399 m; auf halbem Weg liegt die Nilljochhütte, 1939 m, am sogenannten Eselsrücken (1 Std. vom Budamer Hof). Die Bonn-Matreier Hütte auf der Hohen Ader, 3½–4 Std., ist einziger hochalpiner Stützpunkt im südöstlichen Venedigergebietsteil.

Der Hohe Eicham, 3371 m, 3½–4 Std., ist über den Sailkopf, 3209 m, 2 Std., zur Sailscharte, 3080 m, ½ Std., und dem Nillkees ersteigbar (Trittsicherheit erforderlich). Von der Eichamscharte, 3228 m, am Südgrat, 1½ Std. II+.

Der Rauhkopf, 3070 m, mit Ausgangspunkt bei der Kälberscharte, 2791 m, 20 Min., weist einen Zickzacksteig und im oberen Bereich steinerne Treppen auf (leicht), 1¼ Std.

Die Eisseehütte im Timmeltal – Wo der Eissee seinen Namen zu Recht trägt

26

Von Prägraten über Wallhorn steigt das Timmeltal unauffällig und geradlinig auf. Erst oberhalb schöner und steiler Lärchenhänge, dort wo die letzten Bäume durch die Höhenlage zum Zwergendasein verurteilt sind, formt sich eine weitgerundete, grüngepolsterte Hochtalsohle, an deren flußabwärts gelegener Trogkante die Wallhornalm fast noch ins Virgental schaut. Nach einem langen Sohlenstück steilt eine zweite Talstufe auf, auf der die in Holz erbaute Eisseehütte steht. Noch ein Stockwerk höher verbirgt sich der Eissee, ein tiefes und kaltes Wasser, das, von felsgrauem Ödland eingerahmt, durch stille Zeiten träumt. Sicher ist es ein Traum vom kurzen Sommer, dessen feindliche rauhen Brüder – Schnee und Frost – das Bergauge 9 bis 10 Monate im Jahr unter eine glasige Eisdecke sperren. Der Schlußhang des Tales endet beim Wallhorntörl, das nach Süden mit Rasen und Schutt, nach Norden mit Schnee oder Blankeis abfällt. Bemerkenswert ist das vielfältige Steigangebot im Timmeltal, wo schon beim Zugang von Prägraten aus mindestens drei Möglichkeiten zur Auswahl stehen: von Wallhorn der alte Hirtensteig, der ziemlich geradlinig durch steilhangige Lärchenwälder Einlaß in die Hochtalsohle begehrt; dann eine Forststraße mit der Umständlichkeit vieler Kehren und gemächlicher Steigung, die bei der Bodenalm im auflichtenden Lärchensaum endet. Dort löst sich ein romantischer Steig, der über das Kendele, einen Wiesensattel, und auf kurzen ausgesprengten Felspassagen ins Timmeltal einmündet. Beachtung findet schließlich auch der Wiesachweg, der von Bichl aus über hochgesetzte Bergwiesen ins Timmeltal führt. Großartige Tiefblicke auf den Talort gewährt der Weg und weiß auch etwas von einer Quelle, die halb von einem Bergsturz verdeckt ist, zu erzählen. Alle Anstiege führen am Eingang des Timmeltales zusammen, um im Bereich der Wallhornalm erneut zu verästeln. Wir haben ein wahrhaftes Wanderparadies nahe den Firnfeldern erreicht, mit einsamen Hirten und Schafherden. Bereits sichtbar sind die Eisseehütte und zwei mit der Sonne hell verwebte kleine Wasserfälle. Noch hoch in den Bergflanken erleben wir den schnellen Lauf der Wassersträhnen, die von den vergletscherten Schultern der Berge herab zum Timmelbach anschwellen, der mit furchtlosem Satz der jungen Isel ins Virgental entgegenschnellt. Unsere Blicke werden auch vom Hohen Eicham und von den Wunspitzen angezogen, die stumme versteinerte Kulissen bilden, zu kühnen Wachtürmen aufragen und von felsig schlanken, schwierig ersteigbaren Minaretts umstellt sind. Äußerst unzugänglich zeigen sich die Wunwände mit Graten, Kanten und Schluchten, die mausgrauen Flächen in un-

Der Hohe Eicham und das Nillkees sind bis in das Untere Iseltal sichtbar.

gleiche Karos teilend. Von Symmetrie ist keine Spur, statt dessen gibt es ungebändigte Willkür der Formen. Das Timmeltal wird von der Weißspitze beherrscht, die gleich einem Eispol im Norden steht und das Tal abschließt. Sie erfreut sich regen Besuches, und auch wir sind oft auf ihrem Gipfel gestanden. Ein herrlicher Berg mit felsgezacktem steilen Nordgrat und großen Schneefeldern, die die ganze Südseite lückenlos zudecken und die aufgehende Sonne einfangen – ein Licht, das bald in alle Bergflanken fällt und schlafende Farben erblühen läßt.
Zögern wir nicht, eine Timmeltalwanderung anzutreten, besinnen wir uns der drei Anstiegsmöglichkeiten von Prägraten aus, um der Eisseehütte unsere Aufwartung zu machen, oder dem Eissee, in dessen blockgesäumten Ufern auch im Sommer gelegentlich wasserhelle Kristalle glänzen.

Wegverlauf in Kurzfassung
Auf drei verschiedenen Wegen von Prägraten zur Eisseehütte, ca. 2500 m: Von Wallhorn, 1401 m, 1,2 km östlich von Prägraten, mit direktem Zustieg zur Wallhornalm, 2128 m, 1¾–2 Std. Auf einem Umweg über die Bodenalm (Jausenstation), 1960 m, 1½ Std. (Forstweg mit Erlaubnis befahrbar); von dort übers sogenannte Kendele zur Wallhornalm, ¾ Std.
Von Bichl, 1495 m, 1,2 km westlich von Prägraten, am Wiesachsteig zum Timmelbach und zur Wallhornalm, 2–2½ Std. Weiterer Anstieg in dem von hellen Wassern belebten Timmeltal zur Eisseehütte, 1½ Std.
Der Eissee, 2661 m, ist auf markiertem Steig in ½ Std., das Wallhorntörl, 3045 m, in 1½ Std., die Weißspitze, 3300 m, in 3 Std. zu bewältigen.
Beste Jahreszeit: Juli bis September.

Wo die eiligen Wasser von den Hexenköpfen talwärts stürzen, verbirgt sich der Eissee im Timmeltal.

Die Sajathütte – Hüttenromantik zwischen Roter Säule und Sajatspitze

27

Die weitläufigen und überaus steilen Sajatmähder verbargen hoch im Sajattrog Kupfererze, die im 16. Jahrhundert aus den Tiefen von Fels und lehmiger Erde abgebaut wurden. Ein schwefelumrandeter, halbverfallener Stolleneingang ist heute noch Zeuge von der gefahrvollen Tätigkeit der Bergleute, die das Erz auf Gamsdekken durch die Steile nach Bichl bei Prägraten hinabgeschleift und in einem im Oberpichlergut noch vorhandenen Schmelzofen weiterverarbeitet haben. Den Knappen folgten später die Bergbauern, die würziges, zähstieliges Gras und Kräuter mähten, eine genauso schwere Arbeit, die nur mit „Fußeisen" einigermaßen sicher war. Um den steiglosen Auf- und Abstieg nicht öfter als notwendig auf sich zu nehmen, nächtigten sie in einem niedrigen, kaum 50 cm hohen Felsspalt.

Der stille Sajattrog ist dann einige Zeit in Vergessenheit geraten, bis 1974 eine Handvoll Naturbegeisterter das verlorene Kar zwischen Roter Säule und Sajatkopf wieder entdeckt haben. In unauffälligen Schichten erbauten sie eine kleine originelle Hütte, die 2600 m hoch auf der Endmoräne und der vorderen Karschwelle in eigenwilliger Schönheit steht. Weltentrückt ist der Bauplatz, und die schmuckvolle private Klause wäre noch länger über den vertrauten engen Kreis hinaus geheim geblieben, wäre nicht einer aus der verschworenen Runde beim Transport von Bauhölzern tödlich abgestürzt. Heute hat der dreistündige Aufstieg auf händisch angelegtem Steig allen Schrecken verloren. Der winzige Hort voll Bergseligkeit ist einer durch stilgetreue Zubauten stattlich angewachsenen Hütte gewichen. Im zähen Ringen sind abenteuerliche Höhenwege entstanden, die zur Eisseehütte ins Timmeltal und über die Feldscharte zur Johannishütte einladen.

Der Hauptanstieg zur Hütte erfolgt von Bichl aus, wo nördlich der Hügelkapelle und eine Straßenschleife höher Parkplätze vorhanden sind. Dort entführt uns der gut markierte Steig zuerst in einen Lärchenwald mit hochbeinigen Wollkratzdisteln, die sich zu wehrhaften Kolonien zusammenrotten. Wir betreten bald die freien, steilen Wiesen, die der Steig über den dürftigen Zopsenbach hinweg in einer raumgreifenden Kehre durchmißt. Hoch in den Mahdhängen, die aus satt-grünem Sommerkleid in die warmbraune Tracht des Herbstes schlüpfen, endet nach zwei Stunden der erste Anstiegsteil. Eine Gedenktafel erinnert an den verunglückten Bergkameraden. Etwas höher ist von einer sonnigen Sitzbank die Hütte und gegenüber in seiner gewaltigen Länge der Lasörlingkamm sichtbar.

Der abschließende Kehrensteig auf sich zurückbeugenden Wiesen kostet uns noch eine Stunde. Sie ist keineswegs vergeudet, denn die schöne Hütte lohnt die Mühen des Anstieges mit einem feuererhellten Plätzchen am offenen Kamin und mit weitem Blick in den Süden. Die *Rote Säule* ragt nordwestlich der Hütte mit lehmfarbenem Plattenfels auf, und ein anstrengender Steig führt durch das Ostkar und die Sandrinne hinauf zum schmalen Südsattel. Abschüssige Bänder leiten kurz zum höheren Westsattel, von dort verschärft sprödes Gestein die letzten Meter zum kunstvollen Gipfelkreuz.

Trittsicherheit verlangt der eben skizzierte Normalanstieg, Übung und Felserfahrung der über griffarme Platten emporziehende Klettersteig.

Eine weitere großzügig erbaute Klettersteiganlage wertet das Tourenangebot auf die Rote Säule auf. Von der 1986 letztmalig erweiterten und mit einer Materialseilbahn mit dem Tal verbundenen Sajathütte führt ein neuer Höhenweg zur Eisseehütte ins Timmeltal. Als Beispiel mutigen, ja waghalsigen Steigbaues stellt sich die Anlage von der Johannishütte über die Feldscharte zur Sajathütte vor. Friedl Kratzer, Wirt der Sajathütte, hat mit einigen Helfern wochenlang den Fels bearbeitet. Mit Pickel und Schaufel, wo er morsch und brüchig war, mit Sprengstoff, wo grüne Serpentinadern harte Felsrippen bildeten.

Wegverlauf in Kurzfassung

Bichl, 1495 m, 1,2 km westlich von Prägraten, lädt zur originellen Sajathütte ein. Über zwei große sonnseitige Hangstufen führt der Kehrensteig mit prächtiger Aussicht zur Hütte, ca. 2600 m, 3–3½ Std. Der Prägrater Höhenweg verbindet zur Wallhornalm im Timmeltal, 2 Std. Zur Feld- oder Sajatscharte, ca. 2800 m, ¾ Std., und zur Johannishütte; insgesamt 3 Std. Da Flankensteig, nur bei trockener Sommerwitterung!

Die Rote Säule, 2879 m: Der Normalweg führt über das Ostkar und die Sandrinne zum Südsattel. Abschüssige Bänder leiten zum höheren Westsattel und sprödes Gestein zum Gipfel, 1¼–1½ Std. Die Klettersteige sind schwierig und ausgesetzt, III+. Sehr sonnig. Beste Jahreszeit: Juni bis Oktober.

Die Sajathütte – ein „Horst" über warmbraunen Bergmähdern und vor der Roten Säule.

Das Dorfer Tal – Südtor zum Großvenediger

28

Die Geschichte des Tales ist alt und eng mit den weißen Bergen am Alpenhauptkamm verbunden. Der unstillbare Wunsch, das „glanzvolle Schneegebirge" zu erforschen, galt in bevorzugter Weise dem Großvenediger und wurde von Erzherzog Johann schon um 1828 eingeleitet. Dreizehn Jahre währte sein Kampf um den großen Berg, der mit seinem mächtigen Westgrat grenzziehend ist und die nordwärts abfließenden Gletscher in das Salzburgische schiebt. Einer der ältesten Stützpunkte im Ostalpenbereich wurde mit der nach dem Erzherzog benannten kleinen Johannishütte im Dorfer Tal erbaut, die heute noch als steingemauerter, weißgetünchter Bau im Rücken der 1921 erweiterten Johannishütte steht. Ein Neubau soll die eigenwilligen Proportionen der Hütte kaschieren, doch scheint die Finanzierbarkeit noch fraglich und fern wie die einsame Spur, die zum Gipfel des Großvenedigers führt. Das eisige Haupt dieses stolzen Alpengipfels trug über große Zeiträume eine trotzige Wächte. Alte Ansichten und gutgelungene Gemälde beweisen dies, und auch der bedeutende Bergsteiger und Miterschließer Eugen Guido Lammer muß das in ernster Weise erfahren haben, wenn er schreibt, daß nach schwierigem Anstieg über die jungfräuliche Nordwestwand die Gipfelwächte überstiegen werden mußte. Dem Unerschrockenen widerfuhren dabei die bösesten Stunden seines Lebens, und mit nichts Vergleichbarem ließen sich die ihm entgegentretenden Gefahren messen. Mittlerweile ist das Charaktermerkmal soweit abgeschmolzen, daß 1981 ein Birkenkreuz und 1982 sogar ein schönes Metallkreuz aufgestellt worden ist.

Ausgangspunkt zum Großvenediger ist Hinterbichl, jenes freundliche Bergdorf, das der günstigen Höhenlage und der gesunden reinen Luft wegen über viele Jahre Residenz der Wiener Sängerknaben war. Beim Gasthof Islitzer neben der Brücke, wo der Dorfer Bach kühl in die Wärme des Sommers und mitten durch den Ort braust, benützen wir auf eigene Gefahr den fahrbaren Weg bis zum Serpentinsteinbruch in der Mitte des bedrückend engen Kerbtales. In kühnen Schleifen führt der Fahrweg in das linke Berggehänge zur Dorfer Alm, die zwischen haushohen Steinblöcken neben der tiefen Bachschlucht steht, bevor wir nach geschmeidigen Straßenwindungen am Gumbachkreuz auf quergestelltem, talschließendem Felsriegel bereits beachtliche Höhe gewinnen. Bis hierher reicht rechts des Baches noch der alte Almsteig, ein Touristenpfad, ehe er vom breiten Weg aufgesogen wird. Dieser lenkt beim Ochsnerhüttl vorbei und verflacht zum Autoabstellplatz im Grün einer sumpfigen Bergwiese, etwa 100 Schritte vor der Johannishütte. Den spitzen Giebel der Hütte überragen mit spielerischer Überlegenheit der Großvenediger und das Rainer Horn, in deren eisiger Welt die Legende mit den Venedigermandln geboren wurde, von denen man erzählt, daß sie klein von Statur und wortkarg waren.
Das Defreggerhaus liegt zwei Gehstunden höher am Blockhang des „Mullwitz-Aderl" und am Rand des Rainer Keeses mit ansetzendem „Südweg". Nur 10 Minuten trennen das Defreggerhaus vom Rand des Gletschers, der mit leichter Wölbung aufsteigt und am Südfuß des Rainer Hornes in eine weite sanfte Mulde gleitet. Hier kreuzen unergründlich tiefe Spalten die Trittspur, die noch bis auf die Anhöhe des Rainer Törls hinauf spürbar sind. Nahtlos verschmilzt das Törl mit dem weitflächigen Oberen Keesboden, auf dem alle Hüttenanstiege zusammenführen, die nordwestlich auf der schneeummantelten Kegelspitze des Großvenedigers ausklingen. Am höchsten Punkt angelangt, überrascht noch ein schmaler Firngrat mit dem neuen Kreuz der Prägrater Bergführer.

Wegverlauf in Kurzfassung
Beim Gasthof Islitzer in Hinterbichl, 1512 m (Postautohaltestelle), steigt das Dorfer Tal mit einem befahrbaren Weg bis zum Serpentinsteinbruch an, 1718 m, $1\frac{1}{2}$ Std. Jenseits des Dorfer Baches führt der Weg zur Dorfer Alm, 1885 m, und in Kehren zum Gumbachkreuz, 1991 m. Wieder rechts des Baches und flacher geht es zur Johannishütte und zum Ende des Fahrweges, 2121 m, $2\frac{1}{2}$–3 Std. Das Defreggerhaus, 2962 m, liegt 2 Std. höher auf den Hängen des Mullwitz-Aderl und am Rand des Rainer Keeses.
Zum Großvenediger, 3674 m (Gletscherstrecke), 3 Std., führt der große Südanstieg zum Rainer Törl, 3422 m, 2 Std., und vom großflächigen Oberen Keesboden in 1–2 Std. zur Firnschneide am Gipfel (Bergführerkreuz).
Am reichlich verspalteten Rainer Kees ist Vorsicht geboten. Seil verwenden. Kein Alleingang!
Geeignete Jahreszeit: April bis Juni mit Ski; Juli bis Oktober auf meist vorhandener Trittspur.

Über das Rainer Kees führt die „Südroute" zum Großvenediger. – Rechts das Rainer Horn.

Die Essener-Rostocker Hütte – Zu leuchtenden Firngipfeln im Maurertal

29

Ältester Zeuge über den nacheiszeitlichen Waldbestand in den Ostalpen ist ein kleines unscheinbares Moor 350 Meter südwestlich der Essener-Rostocker Hütte. Zu den interessantesten glazialen Entdeckungen in den letzten Jahrzehnten gehört die Erkenntnis, daß die gegenwärtig herrschende Wärmezeit von mehreren deutlichen Klimarückschlägen unterbrochen wurde. Vor weniger als 10.000 Jahren mögen die Täler Tirols eisfrei geworden sein, und bereits vor 9200 Jahren wuchsen und fruchteten in den Ostalpen Zirbenwälder bis auf eine Höhe von 2300 m. Das heißt, daß das baumbestandene Pflanzenkleid den Standort der Hütten im Maurertal um 100 Meter überstieg. Solche Aufschlüsse erlauben die Moränen sowie die dazwischen und unmittelbar davor liegenden Moore.

Ein besonders geeigneter Standort derartiger Grabungen und Bodenuntersuchungen liefert das oben angeführte Moor, das aufgrund seiner verschiedenen Schichtungen mehrere Gletscherhochstandperioden ableiten läßt. Die Schichtreihung des Moores zeigt den Wechsel von Sand- und Tonboden mit Torfeinlagerungen, die auf gute Vegetationszeiten schließen lassen, während die Sand-Ton-Schichten das Moränengeschiebe der einzelnen Gletschervorstöße beweisen. Für den Geographen und Botaniker sind die komplizierten pollenanalytischen Untersuchungen der Schichten und eingelagerten Holzreste äußerst aussagekräftig. Solche weisen ein Alter von 7200 Jahren auf, die in 1,5 Meter Tiefe dem Torf entnommen wurden, während die heutige Baumgrenze 200 Meter tiefer liegt. Die Schicht an der Basis des heute mit Wasser gefüllten Torflagers in 2,25 Meter Tiefe mit Zirbenzweigen, Zapfenschuppen und Zirbennüssen deutet auf eine Zeit günstiger Waldentfaltung vor ca. 9200 Jahren hin: ein unersetzbares Archiv, das seit 1973 zum Naturdenkmal erklärt wurde, wofür wir Alois Heinricher als Naturschutzbeauftragten des Bezirkes Dank schulden. Den Schlüssel zu den faszinierenden Forschungsergebnissen lieferten S. Bortenschlager und G. Patzelt aus Innsbruck.

Für den breiten Touristenstrom sind die Schöpfungen der Natur im Maurertal noch in ganz anderer Weise anschaulich: die interessante Flora etwa, wenn sie ihren Tag und ihre Stunde im bachumrauschten Tal hat; oder die Östliche Simonyspitze, die im Bunde der eisigen Geschwister wie auf silberne Stockwerke gehoben erscheint.

Von Hinterbichl führt die Straße nach Ströden und auf den meist überfüllten Parkplatz. Die erste kleine Etappe im Maurertal leitet zur Jausenstation „Stoanalm", wo der vom Parkplatz ausgehende Waldweg endet und der breite Weg rechts des Baches bis zur Seilbahnstation weiterführt. Der vor uns liegende Talabschnitt ist von einer Lärchenstufe geprägt, hinter der die Maurerkeesköpfe mit dicken Firnmänteln aufleuchten. Oberhalb der Baumgrenze durchmißt der Steig die steilhangige Göriacher Alpe mit Hirtenunterstand, während aus einer westseitigen Hangschlucht der Malhambach in das wilde Brausen des Maurerbaches einstimmt. Ohne Brükke wäre er nicht auf seine linke Seite überschreitbar, wo wir zur mächtigen Seitenmoräne des Simonykeeses gelangen, die die Nordwinde bremst, die Melodie der schnellen Bäche dämpft und den Hütten Schutz gewährt.

Das *Rostockeck* hat sich als „Hausberg" und vorzügliche Aussichtswarte eingeführt, die man auf bequemem Schutt- bzw. Felssteig, umgeben von einer eisglänzenden Kulisse, ersteigen kann. Die markante, oben erwähnte Seitenmoräne lenkt zu zwei behäbigen Steinmännern, wo wir nach links auf den Nordhang des Rostockeckes schwenken. In Kehren und auf Steintreppen, manchmal auch durch tiefen Sulzschnee geht es zum Gipfelkreuz, wo die versprochene Aussicht über den schlanken Lasörling hinweg bis zu den ineinander verketteten Felszäunen der Südtiroler Dolomiten reicht.

Wegverlauf in Kurzfassung

Nach Hinterbichl, 1512 m, dem letzten Talort, endet die Straße beim großen Parkplatz in Ströden, 2 km, 1403 m. Links des Maurerbaches erreichen wir die „Stoanalm" (Jausenstation), ½ Std., und später rechts des Wassers die Materialseilbahn, 20 Min. Auf einem Flankensteig und abschließend auf der orographisch rechten Seitenmoräne des Simonykeeses zur Essener-Rostocker Hütte, 2208 m, insgesamt 3 Std. (reger Skibetrieb im Frühjahr – auf den Gletschern von Malham, Simonyspitzen, Großen Geiger).

Das Rostockeck, 2749 m, leichtester und eisfreier Gipfel, 1¼–1½ Std., ersteigen wir auf der Seitenmoräne in ¾ Std. (zwei Steinmänner); linker Hand zum Gipfel.

Das Reggentörl, 3052 m, 3 Std., bleibt Bergerfahrenen mit genügender Eisausrüstung vorbehalten.

Zwei Welten begegnen einander – blühendes Leben und das erstarrte Eis der Simonyspitzen.

Das Umbaltal – Im Tal der stäubenden Wasser

30

Im Umbaltal entspringt die Isel, der Herzfluß Osttirols, einem mächtigen Hochtalgletscher, dem von der Simonyschneid genährten Umbalkees. Der Rötspitze, Dreiherrn- und der Westlichen Simonyspitze steht die erhabene Rolle zu, eine fels- und eisbildende Kulisse des Inneren Umbaltales zu sein. Die Zungenspitze des Umbalkeeses, die derzeit einen geringen Zuwachs meldet und ihr Aussehen jährlich ändert, ist mit ihrem breitgewölbten Gletschertor der jungen Isel ein offener Weg in eine ungewisse Freiheit und Ferne. Noch mag sich der schmächtige Bach in einem milchtrüben, versandeten Flachsee besinnen, bevor die ungestüme Jagd ins Tal beginnt. Im langen Taltrog passiert die Isel die Clarahütte, schneidet dann tiefer in die Talsohle ein und nimmt mit dem Daberbach den ersten großen Bruder mit.

Der Weg der Isel im Umbaltal ist durch Jahrtausende gezeichnet. Das rastlos bewegte Wasser ist im ausgelassenen Lauf über die beiden großen Talstufen zur Pebellalm stets ein Kind der Wildheit geblieben und wird mehr denn je vom Meinungsstreit vielseitiger Interessen begleitet. In diesem Buch wollen wir keineswegs die altbekannte Polemik erneut auftischen. Nur auf die Frage, mit der unsere Heimatzeitung gelegentlich das „Umbaltalkapitel" aufblättert: „Die junge Isel im Umbaltal – nur ein Bach oder mehr?", sei erlaubt, einige Bemerkungen auszusprechen: Von den in die Venedigersüdseite und in das Virgental entwässernden Gletscherbächen hat schon vor der Jahrhundertwende Josef Rabl der Isel seine Begeisterung und Aufmerksamkeit geschenkt und als guter Gebietskenner dagegen Timmel- oder Maurerbach kaum oder nur flüchtig erwähnt. Die gletschergenährte Wasserfülle der Isel, die eine tiefe Erosionsschlucht gegraben hat, Wassermühlen in die Felsen schält und mit funkelnder Masse sich zwischen haushohe Blöcke wirft, hat 1976 zur Schaffung des bekannten „Wasserschaupfades" Umbalfälle beigetragen, der an 21 Stellen Sehenswertes, aber auch leicht Übersehbares zeigt und in einem Kurzführer erläutert. An Schönwettertagen zählt man Hunderte von Besuchern, die ihre Schritte ins Umbaltal lenken, die dem gischtsprühenden Bach zur Seite emporwandern, um selbst das weißschäumende Element zu erleben. Die Tüchtigsten folgen dem Steig bis zur Clarahütte; andere sind längst umgekehrt und einigen hat der temperamentvolle Bach nichts zugerufen, was sie innerlich bewegt oder aufgerüttelt hätte. Letzteren wird es gleichgültig sein, ob alpine Vereinigungen und Naturbefürworter für die Erhaltung eines unberührten Isellaufs eintreten, um damit einen Nationalpark Hohe Tauern attraktiv zu gestalten oder ob Menschen unter Ausnützung technischer Möglichkeiten gerade die Isel, ihrer Wasserfülle wegen, bevorzugen und das perlende Gletscherwasser in den geplanten Großspeicher umleiten wollen. Den Krieg der Worte übertönt derzeit noch das wilde Brausen des Iselflusses, der das ganze Tal erfüllt und gewiß mehr ist als nur ein gewöhnlicher Bach, in dessen schneeweißen Stromschnellen wir die Botschaft lesen, die von der Schönheit der Eisberge erzählt, die hoch über des Wassers Quellstuben sich erheben.

Den zwei- bis dreistündigen Anstieg von der Pebellalm zur Clarahütte nehmen wir gerne hin. Am weithin bekannten Wasserschaupfad oder Lessensteig wandern wir das Umbaltal aufwärts, das sich, durch ein Flachstück getrennt, in Untere und Obere Iselfälle gliedert. Der Schaupfad, mit Aussichtskanzeln und Rastplätzen versehen, führt nach der ersten Fallstufe über die Isel und beobachtet nunmehr vom orographisch linken Ufer aus die Oberen Fälle. Noch vor der Talstufe setzt er wieder an das zuerst begangene Ufer über und vereinigt sich mit dem Hüttenweg, der in Serpentinen zwischen fettem Gras und Erlen, an einsamen Lärchen vorbei den schmalen Trog des Inneren Umbaltales ersteigt. Das erste Flachstück endet bei einer Brücke über die Isel, der Weg führt nach mäßiger Steigung an der Ochsnerhütte vorbei, wo bald hinter felsigen Erhebungen die Eisschaufel der Rötspitze wie ein Kordillerengipfel das Tal beherrscht. Hoch über dem Fluß auf stark geneigten Almweiden, die lang in den Sommer in Blüte stehen, führt der Weg iseleinwärts nun fast ohne Steigung an dem südlich zumündenden Dabertal vorbei zur Clarahütte.

Wegverlauf in Kurzfassung

Von Hinterbichl folgen wir der Straße bis Ströden (Parkplatz) und gelangen in ¾ Std. zur Pebellalm, 1531 m (zwei Jausenstationen). Am Wasserschaupfad zum Großbachfall und in 2½ Std. zur Clarahütte im Umbaltal. Der Iselursprung liegt 1 Std. tiefer an der Eisstirne des Umbalkeeses.

Beste Jahreszeit: Juni bis Oktober.

Das Wahrzeichen im Umbaltal, die zu einer Glocke gegossene Rötspitze.

Nordzugänge zur Neuen Reichenberger Hütte

31

Zum neunzigsten Geburtstag der Sektion Reichenberg im ÖAV und nachträglich zur großzügigen Hüttenerweiterung (1981) dankte Prof. Louis Oberwalder, erster Vorsitzender des Österreichischen Alpenvereins, in einer Festschrift: „Die Treuezeichen für langjährige Mitgliedschaft und die fallweisen Jubiläen, wenn die Geburtstage des Vereins in runden Dezennien in den Kalender fallen, sind mehr Symbol einer Kameradschaft, die im Ideellen gründet. Ein nur flüchtiges Überschauen der alpinen Geschichte Reichenbergs genügt, um einen Einblick zu gewinnen, wieviel Idealismus in diese Hütte und das ausgedehnte Wegnetz investiert wurde. Es offenbart aber auch das schwere Schicksal, das die Sektion in gleicher Weise wie die sudetendeutsche Bevölkerung traf. Was Heimat bedeutet, vermag vermutlich nur der voll zu ermessen, dem sie gewaltsam genommen wurde. Durch diesen Verlust hat für sudetendeutsche Bergfreunde ein Stück eigener Boden in alpinem Arbeitsgebiet und die Schutzhütte als Symbol des Heimatrechtes in Österreichs Bergen eine tiefe emotionale Bedeutung."

1904 erwarb die rührige Sektion Reichenberg die Barbaria-Hütte an der Croda da Lago bei Cortina d'Ampezzo und schloß mit zukunftsträchtigen Plänen in den Kreis hüttenbesitzender Vereine auf. Schon 1914 mußte die inzwischen erweiterte Hütte durch den Kriegsausbruch geschlossen werden. 1918 war das Anwesen ausgeplündert und mit Südtirol verloren.

Den vereinsgetreuen Rudolf Kauschka und Rudolf Tham oblag in der Folgezeit die Aufgabe, ein neues Hüttengebiet zu erkunden, das sie im inneren Defereggental, zwischen Panargenkamm und Lasörlinggruppe, im Nahbereich der Bachlenke fanden. Bereits 1926 entstand eine neue Hütte am Ufer des herrlichen Bödensees und, den Spuren Ludwig Purtschellers folgend, wandte sich der bergbegeisterte Rudolf Kauschka der alpinen Erschließung des Panargenkammes zu. Ihm zu Ehren trägt ein schroffer Gipfel seinen Namen und ein Höhenweg, der von St. Jakob über die Durfelderalm zur Neuen Reichenberger Hütte führt. 1945 zieht wiederum schwarzes Gewölk über die angestammte Heimat der Sudetendeutschen. Aus ihr vertrieben, erhob der neue tschechische Staat Anspruch auch auf alle Besitztümer, ein Ansinnen, das durch zähe, schwierige Verhandlungen und mit Hilfe des Österreichischen Alpenvereins abgewendet werden konnte. Seit 1957 ist ein Neubeginn und Wiederaufstieg spürbar, der 1976 mit der 50-Jahr-Feier der Neuen Reichenberger Hütte, 1981 mit deren Erweiterung und schließlich nun, mit dem oben angeführten Geburtstag, verdienstvolle Höhepunkte erfuhr.

Vier große Talzugänge führen zur Hütte am Bödensee, die alle einen mehrstündigen Fußmarsch fordern und deutlich einen noch unerschlossenen, natürlich gebliebenen Gebietsteil ausweisen; ein Stück Bergwelt, das nicht allein auf Massentourismus ausgerichtet ist, sondern auch dem Hochalpinisten noch großen Freiraum schafft.

„Hier vermag er nach Herzenslust seiner Leidenschaft zu frönen", meint scherzend der Wegwart der hüttenbesitzenden Sektion, und mit ausgestreckter Hand zeigt er im Rund die weitgesteckten Grenzen seines Arbeitsgebietes: die Finsterkarspitze über Moränentreppen im Osten und gegenüber die Totenkarspitze oberhalb eines versiegenden Kleingletschers. Nördlich von Hütte und Bödensee kokettiert die zu einer Glocke geformte Gösleswand, während die ganze Breite im Süden der übermächtige Panargenkamm ausfüllt.

„Zurück in die Berge" – Kauschka und Tham sind diesen Weg vor rund 60 Jahren gegangen. Die Sehnsucht nach den Bergen, ihrem Zauber zu erliegen, Entdeckerlust, Strapazen freiwillig zu erdulden, all das berührt auch heute viele Menschen, die allein die Faszination des Bergsteigens erfaßt und formt. Das Erlebnis in einer noch unzerstörten Landschaft ist wertmäßig den übererschlossenen Gebieten im Alpenraum überlegen. Gerade darin liegt eine große Hoffnung für Osttirol im allgemeinen und die Bedeutung eines Nationalparkes Hohe Tauern im besonderen. Einen Ausweg von übertriebener Erschließung und Überfremdung gibt es nur in der Suche nach unzerstörter Natur, die umso größer wird, je weniger es davon gibt. Für die weitere Zukunft des Alpenraumes entscheidend sind auch die Forderungen des Touristen, seine Einstellung zum Reisen und zur Erholung. Darin läßt sich nämlich Neues beobachten: vor allem das Interesse an einer einfachen Lebensgestaltung im Urlaub als Kontrast zum Wohlstand einer industrialisierten Welt, ein wachsendes Verständnis für Gesundheit und Umwelt. Unsere Aufgabe, auch weiteren Generationen eine lebenswerte Welt zu vermitteln, fordert von uns umzudenken.

Entflechten wir die aus dem Virgental zur Neuen Reichenberger Hütte ansteigenden Wege: drei Hüttenzugänge im Norden, mit Ausgangspunkt Pebellalm, benützen wir öfter, einen weiteren, von Prägraten durch das Lasnitzental und über das Kriselachtörl, vernachlässigen wir zu Unrecht. Von der Pebellalm steigen wir am Wasserschaupfad bis 30 Minuten vor die Clarahütte an und schwenken linker Hand in das Dabertal. Über die geologisch interessante Daberlenke und die unnachahmlichen Sentenböden endet einer der landschaftlich ansprechendsten Anstiege auf einem Erdenwinkel, der steile Berge, blaue Seen und bunte Blumenböden in seltener Geschlossenheit eint. Die in den vergangenen Jahren vergrößerte Hütte ist Heimstätte und Stützpunkt unserer alpinen Unternehmen. Das Groß- und Kleinbachtal leiten von der Pebellalm direkter zur Neuen Reichenberger Hütte und bergen oberhalb der anstrengenden Waldstufe die Stürmitzer Alm, eine unbekümmert geführte „Einsiedelei", eingeschlossen zwischen kantig gestielten Hochstaudenfluren und zum Kampf gerüsteten Wetterlärchen.

Wegverlauf in Kurzfassung
Durch das Dabertal (siehe nächstes Kapitel) 5–6 Std. Von der Pebellalm, 1513 m, über eine steile Waldstufe zur Stürmitzer Alm, 1983 m, 1¼ Std. Dort teilt sich der Weg: Rechtshaltend durch das Großbachtal in südliche Richtung zur Bachlenke und 10 Min. später zur Hütte, 3¼–4 Std. Das Kleinbachtal verläuft ab der Stürmitzer Alm geradlinig und südlich (teils ausgesprengter Weg) in den Talschluß und spürbar steigend über die Rote Lenke, 2794 m, zur Hütte, 4–5 Std. Beste Jahreszeit: Juli bis September.

Wenn ein blauer Himmel sich weit über den Bödensee wölbt, pflegt die Gösleswand ein kühles Bad zu nehmen.

Sonne und Schnee am Venediger-Höhenweg

32

Der Venediger-Höhenweg durchmißt den sonnigen Süden der Venedigergruppe und beginnt laut AV-Beschluß bei der Neuen Reichenberger Hütte und endet auf dem vom Gschlößbach durchbrausten Almboden von Innergschlöß. Der St. Pöltener West- und Ostweg setzt die stolze Tradition des Venediger-Höhenweges durch die Granatspitzgruppe fort. Durchschnittlich betragen die einzelnen Richtzeiten von Hütte zu Hütte 4 bis 5 Stunden. Es ist ein Weg, der durch mächtige, eindrucksvolle Bergwinkel führt, an herrlichen Bergseen vorbei und durch graue Gletschervorfelder mit blühenden Soldanellen, die dem Schnee auf dem Fuß folgen und furchtlos im Eiswind stehen. Selten schöne Berglandschaften erwarten uns, weiße und weitgespannte Schneefelder, in denen noch das Feuer des späten Abends strahlt.
Beginnen wir westlich der Neuen Reichenberger Hütte am Bödensee, wo der Sommer mit dunkelviolettem Speik und kurzgestielten Primeln bunte Teppiche webt und der Altschnee in warmbraunen Halden bizarre Muster zeichnet; eine Oase unzerstörter Bergnatur, die mit vielfärbigem Gestein bei der Daberlenke neue Höhepunkte erfährt. Ein Gletschersee schillert da mit grünen Augen zwischen Eis und Schnee, und neben einer derb und streng geformten Seitenmoräne münden wir mit dem Leitbach in das Dabertal ein, das schmal und eingekerbt nordöstlich ausgreift. Mit dem Keeseck und der Panargenspitze im Rücken und mit den himmelstürmenden Glatthängen des Hohen Kreuzes gegenüber ist das Dabertal umschlossen von hohen Bergen und von Gipfeln, die mit ihren Wolkenfahnen wie rauchende Vulkane erscheinen. Dort, wo die Landschaft zu glühen beginnt, wo gelbe und blaue Farben mit dem Rosé der Bergnelken wetteifern, fällt der Steig in Kehren und durch Erlengestrüpp zur Isel ins Umbaltal ab.
Der Lessensteig auf der sonnseitigen Berglehne führt mühelos zur *Clarahütte* im Bereich der Rötspitze und des mächtigen Gipfels im Dreiländereck. Bis zum endgültigen Ausbau des durch die Hohe Grube führenden Pfades muß der alten Gletscherroute über das Reggentörl gefolgt werden; der markierte Steig leitet ab der Clarahütte vorerst rechts des Baches taleinwärts und schwenkt eine halbe Stunde später über die „oberste Iselbrücke" auf das linke Ufer. Während ein verwachsener Saumweg zur Philipp-Reuther-Hütte aufsteigt, bleiben wir in der Talsohle und überwinden an markierter Stelle den eisgehobelten Felsriegel, den mit Steinmehl überstreuten „Gletschergarten". Nur noch gering entfernt liegen das Umbalkees und der Iselursprung im weiten Vorhof von Dreiherrnspitze und Malham. Die im Sommer ausgeaperte, leicht aufgewölbte Eiszunge ist stark durchspaltet und von flinken Wassern zerfurcht. Mit wirbelndem Schutt und Steinen höhlen sie als gefürchtete, glasharte Gletschermühlen ganze Zisternen aus. Im Nährgebiet des Umbalkeeses, das erzählen uns altgediente Hirten, liegt seit 1945 ein italienisches Kampfflugzeug begraben. Wenn das Eis weiterhin rückläufig ist, wird das Wrack vermutlich in den nächsten Jahren ausapern.
Das kleine Reggenspitzl bewacht den Übergang, der ostseitig von wesentlich tieferen Spalten geprägt ist. Der Abstieg empfiehlt sich links der Gletschermitte in breiten Firnmulden, bis vor dem Eis- und Felsabbruch nach rechts auf schneebedeckten Berghang ausgewichen wird. Auf der sich allmählich formenden Seitenmoräne des Simonykeeses ist die *Essener-Rostokker Hütte* nicht zu verfehlen. Das eisfreie Türmljoch zur Johannishütte zählt zu den Genußstrecken des Wegganzen. Wie sonst kaum, erleben wir am Türmljoch wunderbare Sichtstellen zum Großvenediger, die uns auch die Bergumrahmung des Maurertales nicht vorenthalten. Gleich hinter der großen Seitenmoräne, wo uns das Rauschen des Simonybaches überfällt und die Essener-Rostocker Hütte außer Sichtweite bleibt, überschreiten wir den verästelten Simonybach, der sich auf grob rollierter Grundmoräne mit dem Maurerbach vermengt. In der leicht angehobenen Sohle des Maurertales zeigen Wegweiser über Moränengeschiebe zum rechten Berghang, den der „Schweringer-Weg" in Kehren ansteigt. Der Steig erklimmt eine geneigte Hangterrasse, dann den Südhang des Kleinen Geigers und Gletscherschliffe, die mit Altschnee nivale Zonen zum Türmljoch bilden. Namengebend ist das 55 m hohe, abweisende „Türml", das am Übergang mit gelbbraunen Felsaugen einer Gestalt aus der Welt der Sage gleicht.
Jenseits des Türmljochs schlängelt sich der Steig durch Schneemulden und durch abgesetzte Hangstufen den Dorfer Kamm hinab, bis über flüchtige Wasser hinweg der halbentblößte Rücken des „Aderkammes" zu einer Steigwende nach Süden zwingt. Noch ein mit gewichtigen Steinen bespickter Hang, dann stehen wir auf der Naturbrücke des Dorfer Baches. Hier lohnt

sich ein Blick in die vom Wasser eingefräste Schlucht mit Schliffformen, die die Handschrift der Jahrtausende tragen. Wo während der karg bemessenen Sommerfrist Anemonen in silbernen Scharen über Weiden schwärmen, steht am Südufer des Zettalunitzbaches die *Johannishütte.*

Die Höhenwege am Südfuß des Großvenedigers führen gebietsweise durch Landschaften, die in den vergangenen Jahrzehnten spürbaren Veränderungen unterworfen wurden. So sind die strähnigen Grasböden bis zur Johannishütte nachgerückt, wo einst das mächtige Dorfer Kees seine strenge Herrschaft ausgeübt und später die schürfende Kraft der Wasser das Tal und das Bachbett geformt haben. Ein anschauliches Beispiel zeigt der Dorfer Bach bei der zum Türmljoch führenden Naturbrücke und beim Gumbachwasserfall im Bereich der Dorfer Alm. Von der Johannishütte einwärts ist die Talsohle breit und eben, sie vermischt sich bald mit dem Gletschervorfeld und läßt vergangene Zeiten gut ablesen. Die letzte „Kleinsteiszeit", die im 17. Jahrhundert begonnen und seit etwa 130 Jahren wieder im Abklingen ist, war das Ende einer langen „Zwischeneiszeit", in der es grünte und blühte, wo heute trostloses Ödland sich ausbreitet.

Bei der Johannishütte machen uns drei Varianten des Venediger-Höhenweges die Wahl nicht leicht, wobei der Großvenediger werbend und einladend zusätzlich noch verführt. Der alte Hüttensteig sei erwähnt, der in gut 2 Stunden zum *Defreggerhaus* führt, und die über das Mullwitzkees verbindende Gletschertrasse zum eisigen Anstieg des Wallhorntörls. Nur erfahrenen Bergsteigern oder in Begleitung Ortskundiger ist dieser Übergang zur Eisseehütte im Timmeltal zuzumuten. Weniger Geübten verspricht die Zopetscharte im Westgehänge der Zopetspitze einen direkten, eisfreien Übergang zur *Eisseehütte,* wenngleich er steile Schneefelder nicht ausschließt. Schon hoch über der Johannishütte grüßt der Großvenediger, und er schaut uns nach, bis Wegtafeln auf die Abzweigung aufmerksam machen. Zur Zopetscharte führt der Steig linker Hand aufwärts, bis er in einem schmalen, seichten Hochtälchen verflacht, wo Schritt und Rhythmus sich wieder nach dem Takt des Herzens richten. Beim großen Steinmann in der Scharte überrascht die wuchtige Timmeltal-Bergumrahmung mit dem Hohen Eicham und der Weißspitze über dem schimmernden Garaneberkees. Der Abstieg ist vorerst steil, teils seilversichert und mündet in Rasenhalden ein, die bei der Brücke zum Timmelbach sanft ausklingen. Zur Hütte schreiten wir talauswärts, wo sie geschützt hinter einem grünen Riegel in sonniger Bergflanke steht.

Um über die Feldscharte zur *Sajathütte* zu gelangen, kehren wir noch einmal zur erwähnten Wegteilung oberhalb der Johannishütte und im Angesicht des Großvenedigers zurück. Dort zweigen wir rechts ab, queren Block- und Rasenflanken bis zu einer Hangkante mit Rastbank und neugierig aus dem Rasen lugendem Edelweiß. Daß für den Steigbau durch die steilen Bratschen- und Geröllflanken des Schernerskopfes viel Mut, aufwendige Sprengeinsätze und überwiegend händisch ausgeführte Arbeit erforderlich waren, ringen wir dem Wirt der Sajathütte ab, der emsig seine Gäste bedient und sparsam mit Worten ist.

Am Prägrater Höhenweg in das Timmeltal und in das Reich des Hohen Eichams führt die fünfte Etappe. Auf schwierig angelegtem Weg wandern wir quer durch die steilen „Fenstermähder". Wo die Sajatspitze ihre langen Schatten am Nachmittag in das Timmeltal wirft, führt der Steig auch uns in die vom Bach geteilte Trogsohle mit der Wallhornalm. Um auf den von der Eisseehütte kommenden Venediger-Höhenweg „einzusteigen", sei der uralte Kehrenweg verraten, der von der Wallhornalm im Westgehänge der Wunwand in ½ bis ¾ Stunde zum Venediger-Höhenweg emporführt. Mit weitem Tiefblick in das Virgental und den stolzen Lasörling in Augenhöhe, umschreiten wir den Südwestausläufer und den südlichen Schrofenaufbau der Wunwand, bis der Flankensteig in den Budamer-Trog und über den sogenannten Eselsrücken in das Nilltal und Abflußgebiet des Nillkeeses einmündet. Die neu ausgebaute *Bonn-Matreier Hütte* steht weithin sichtbar auf der Anhöhe des Aderkammes und am Südfuß der Sailspitze, die den Hohen Eicham zwingt, mit hochgerecktem Haupt über ihre Schulter zu schauen.

Die große Schlußetappe zur *Badener Hütte* und zum Löbbentörl zwängt sich über die nahe Kälberscharte, ein enges, felsiges „Schlupfloch", das zur Galtenscharte überleitet. Mit ihr ist die Schlüsselstelle erreicht, die den 600 Höhenmeter messenden Abstieg zum Mailfrosnitzbach erlauben oder vereiteln kann; möglich, wenn die Schrofenflanke ausgeapert ist und stationäre Schneefelder trittfest sind, wenn die helfenden Stahlseile freiliegen, die Markierung gut sichtbar ist, die Steinmänner die Richtung weisen. Andernfalls sollte man auf den Übergang verzichten. Sind die Wegverhältnisse sicher genug, stehen wir nach 1½ bis 2 Stunden beim Mailfrosnitzbach und haben auf dem abschließenden zweistündigen Zugang zur Badener Hütte keinerlei Wegunbill zu fürchten.

Wir hatten einen schönen „Startplatz" des Venediger-Höhenweges gewählt, nicht minder reizvoll ist der Abschluß: das zum Meditieren anregende „Fenster" am Löbbentörl und die riesige Seitenmoräne des eismächtigen Schlatenkeeses, auf der der Abstieg in Farben und Licht eintaucht. Am Gschlößboden sind wir noch immer von den Bergen umfangen, die uns lange in die Welt der Erinnerung folgen werden.

Wegverlauf in Kurzfassung
Ausgangspunkt ist die Neue Reichenberger Hütte am Bödensee, 2586 m. Über die Daberlenke, 2631 m, ins Dabertal und in insgesamt 3½–4 Std. zur Clarahütte im Umbaltal. Eisfrei.
Clarahütte, 2035 m – Reggentörl, 3052 m – Essener-Rostocker Hütte, 2207 m, im Maurertal, ca. 5 Std. Da Gletscherstrecke, ist Seilgebrauch angebracht; Alleingang sehr gefährlich.
Essener-Rostocker Hütte, 2207 m – Türmljoch, 2790 m – Johannishütte, 2121 m, im Dorfer Tal. Eis- und seilfreier Anstieg zum Türmljoch, 2 Std., mit Abstieg insgesamt 3–3½ Std.
Johannishütte, 2121 m – *Defreggerhaus,* 2962 m – *Eisseehütte,* 2600 m, 2 Std. Die alte Route des Venediger-Höhenweges durchmißt die weite Gletscherlandschaft des Mullwitzkeeses. Richtungweisend sind die inselbildenden Klexenköpfe, 3090 m, die südlich umgangen werden, ehe wir südöstlich durch Keesmulden schreiten und den steilen Eis-(Schnee-)Anstieg zum Wallhorntörl, 3045 m (2–3 Seillängen, Steigeisen), in Angriff nehmen; 2 Std. vom Defreggerhaus (Wegpassage nur mit Bergführer ratsam!). Abstieg zur Eisseehütte ins Timmeltal 1–1½ Std., insgesamt 6 Std.
Johannishütte, 2121 m – Zopetscharte, 2958 m, 2 Std. – Eisseehütte, ca. 2600 m, insgesamt 3–4 Std. Eisfreier Abschnitt, steile Schneefelder!
Johannishütte, 2121 m – Feldscharte, ca. 2800 m – Sajathütte, ca. 2600 m, 3–3½ Std. Neue Steiganlage, eisfrei, Trittsicherheit, Schwindelfreiheit. Bei Schneebedeckung abzuraten.
Sajathütte, Prägrater Höhenweg – Bonn-Matreier Hütte, 2750 m, im Großen Nilltal, 4–4½ Std. Sehr sonniger Routenverlauf, ebenso der Venediger-Höhenweg von der Eisseehütte im Timmeltal zur *Bonn-Matreier Hütte,* 4 Std.
Die wettermäßig sensibelste Etappe führt von der Bonn-Matreier Hütte, 2750 m, über die Galtenscharte, 2882 m, zur Badener Hütte, 2608 m, im Frosnitztal; kann aufgrund widriger Verhältnisse im Bereich der Galtenscharte schwierig oder auch unbegehbar werden. Steiler, 600 Höhenmeter langer Abstieg zum Mailfrosnitzbach, 2 Std., Übung und Trittsicherheit erforderlich. 5–6 Std.
Schlußetappe von der *Badener Hütte,* 2608 m, über das Löbbentörl, 2770 m, nach Innergschlöß, 1691 m, ca. 4 Std. Ist eisfrei und unschwierig. Beeindruckend ist der Gang auf der 1850er Moräne des Schlatenkeeses.

← Wolkenberge über der Kreuzspitze.
→ Der doppelgipfelige Lasörling und seine Vorgärten im weitläufigen Steinkaastrog.

Vierhüttenwanderung im Bannkreis des Lasörlings

33

Die *Wetterkreuzhütte,* gut 1000 Meter über Virgen im oberen Lärchensaum, liegt am Beginn unserer ca. 5stündigen familienfreundlichen Höhenwanderung. Der Anstieg von Virgen durch Fichten- und Lärchenwald muß uns nicht schrecken, erleichtert doch das „Wetterkreuztaxi" die erste gewaltige Hürde. Am Parkplatz östlich der Pfarrkirche zum hl. Virgilius, übrigens eine der ältesten Pfarren Osttirols, oder beim Postamt kann zu vereinbarter Stunde zugestiegen werden. Links und später rechts des Virger Baches, dessen verbautes, in Stufen angelegtes Bett voll mit üppigen giftigen Schierlingen bewachsen ist, erreichen wir die Iselbrücke in der Virgener Talsohle. Ein in langen Schleifen emporziehender Forstweg erreicht die Pollitzenalm und wenig später die Wetterkreuzhütte. Hier zeigen die Berge der Virgener Nordkette besonders schön ihre kantigen Gesichter. Noch spät im Jahr klebt Schnee in den steilen, glatten Hängen.

Mit diesen abenteuerlichen Bildern vor Augen lassen wir uns von einem Almweg lenken, der links eines nahen Kammkreuzes über die sogenannte „Helle Höhe" führt. So heißt der sonnige, begrünte Rücken, der von der Wetterkreuzhütte bis zum Nordfuß des Legerle reicht. Dort zeigen Wegweiser die Richtung und zwei Möglichkeiten auf: entweder auf verbreitertem Steig im Nord- und Westgehänge des Legerle herum und bei geringer Steigung zur Zupalseehütte, oder etwas sportlicher auf markiertem Kammsteig über das Legerle, auf dessen nördlich vorgesetztem Gratkopf ein Kruzifix steht, das trotz Wind- und Wetterschaden schön und ausdrucksstark ist. Nach der „Legerleüberschreitung" zweigen wir in einem kleinen ausgerundeten Rasensattel nach rechts ab zur bereits sichtbaren, neuerbauten *Hütte am Zupalsee.* Der große Zupaltrog, der nach Norden in das Steinkaastal entwässert, wird westlich über die sog. „Grifte", einem unbedeutenden Kammast, verlassen. Es schließt daran der Steinkaastrog, dessen Quellen und reich verästelte Wasser sich ebenfalls im Steinkaasbach sammeln und der Isel bei Virgen zueilen. Hinter verstreutem Blockwerk verbirgt sich der See im „Grachten". Am Lasörlingkamm dominieren die beiden Leitgipfel, der Speikboden (mit Kreuz) und zur Linken der höhere Donnerstein. Am Ostrand des Steinkaastroges steht vereinsamt eine kleine unbewohnte Hütte, während westseitig bei der *Merschenhütte* noch Alpwirtschaft betrieben wird. Die Markierung überspringt den nahen Steinkaasbach, leitet an einem zum Hang gelehnten Stall vorbei und in 40 Minuten westlich auf die Merschenhöhe hinauf, die von einem flüchtig zusammengelesenen Steinhaufen gekennzeichnet ist. Das Bild in unserer Marschrichtung bestimmt jetzt der Lasörling, der schlank und doppelgipfelig den in seinen Konturen harmlosen und rasenüberzogenen Kosachkofel deutlich überragt. Der neuerrichtete Steig pirscht sich in 30 Minuten an den zuletzt genannten Gipfel heran und ist einen Kurzbesuch wert, denn er gilt neben Speikboden und Donnerstein als hervorragender Fotostandplatz für den kirchturmartigen Lasörling. Der Abstieg zur bald sichtbaren *Lasörlinghütte* verläuft über Altschnee, Rasenrücken, Moränengeschiebe und neben schillernden Wassern, die eilig im Blockwerk untertauchen. Wir kommen an der schmalen Gumpenlacke und an einer Wegtafel vorbei, bevor wir über den Mullitzbach das Ziel erreichen.

Noch drei Stunden währt der Anstieg zum *Lasörling-Nordgipfel,* der auch ohne Kletterei ein wenig vom Glück des Bergsteigers auf seiner einsamen Spitze erzählt. Ein zwischen Geröll verwachsener Steig lockt im langgestreckten Halbbogen durch das gestuft ansteigende Glaurit, bis von Süden her die steile Blockhalde den Weg zum Gipfelkreuz freigibt.

Die Route der vorhin vorgestellten Vierhüttenwanderung wird in den folgenden Jahren im Bereich des Steinkaastroges verändert werden. Die Trasse wird ab der Zupalseehütte die sog. „Grifte" etwas höher übersteigen und dem vereinsamten „See im Grachten" zusteuern. Dieser liegt von derbem Blockwerk umschlichtet im Herzen des Steinkaastroges und ca. 100 Höhenmeter oberhalb der alten Steigtrasse.

Die Merschenhütte bleibt unberührt und mit geringem Höhenunterschied wandern wir nordseits des Mullitz- und Gosingkogels der Lasörlinghütte entgegen, wobei wir eine knappe Gehstunde einsparen.

In Vorbereitung ist auch der neue *Lasörling-Höhenweg,* vermutlich an Stelle des geplanten „Knappensteiges" bis zur Neuen Reichenberger Hütte. Letzteres Steigvorhaben sah vor, ab der Lasörlinghütte den verfallenden Knappengruben im Tögischer Bachtal und südlich der Blindisspitze im Trojeralmtal einen Besuch abzustatten. Realistischer scheint ein neuer Steig von der Lasörlinghütte zum Prägrater Törl und nördlich des Kammes zur Neuen Reichenberger Hütte.

Zur Lasörlinghütte und auf den gleichnamigen Gipfel eignet sich der günstige Zugang durch das *Mullitztal,* das mit stark bewaldeter Bachschlucht bei Welzelach in das Virgental ausmündet. Ein bekanntes geschichtlich „altes" Tal, das viele Jahrhunderte lang Zugang zu den Erzschürfen im Glaurit bot, über Jahrzehnte die 7- bis 8stündige Wallfahrt über das Virgener Törl nach St. Jakob lenkte und doch seit wenigen Jahren erst über einen breiten Weg verfügt, der im steilen Waldgehänge und durch die Talsohle führt. So ist aus dem alten Kirchsteig ein breiter Zugang zur Neuen Lasörlinghütte geworden, die ein wohlgelungener, achteckig geformter Stützpunkt mit guter Sicht zum Lasörling und in die Niederungen ist, wo wir die von ganz anderen Interessen aufgezehrte Eigenwelt des Alltags zurückgelassen haben.

Im Bannkreis des Lasörlings liegt auch der Talort Prägraten, wo gleich zwei Zugänge den mächtigen Berg umwerben, die vorerst bei der Pension Bergwelt den gleichen Ausgangspunkt haben. Erst ½ Stunde später, schon deutlich über den Iselfluß gehoben, teilen sich die Zugänge. Während der Weg ins Lasnitzental breit und in Kehren angelegt ist, folgen wir dem wendigen Waldsteig zum Berger See empor. In flüsternder Zwiesprache mit greisen Lärchen harrt zeitlos ein blumengeschmücktes Kreuz, umdrängt von dichten Staudenhängen, aus denen sich der Steig erst bei einer verfallenen Blockhütte am Zopatnitzenbach befreit. Noch vor der Talstufe wechseln wir die Bachseite, um im landschaftlich schönen, vom breitfächrigen Wasserfall betonten Berggelände aufwärts zu wandern. Nur noch ein niedriger Riegel trennt uns von der gepflegten Berger-See-Hütte, die in einem wildschönen Felskessel, am Nordufer des Berger Sees sich behauptet.

Das *Lasnitzental* gewährt den schnellsten und direktesten Zugang zum Lasörling. Die Bezeichnung Lasnitzental läßt auf Waldwasser schließen, das aus kalten, kostbaren Quellen unterhalb des Prägrater Törls zum Wildbach anschwillt. Auch der Erstersteiger, Karl von Sonnklar, hat sich für das Lasnitzental entschieden, in dem er von 1857 bis 1860 Erkundungen durchführte. Nicht mehr als ein ärmlicher, tief im Berghang eingegrabener Hirtenunterstand war Ausgangspunkt im Lasnitzental, dort wo die letzten Lärchen sich in der braunen Erde festkrallen und borstige Kiefern mit langen blanken Wurzeln die groben Steine umfassen. Seit einigen Jahren hat eine hübsche Jausenstation die alte Hütte verdrängt. Nur ein durch Wald und Alpenrosengestrüpp sich windender Trittpfad bot sich Sonnklar an, und mit angeborenem Spürsinn erkannte er damals schon, daß der Nordgrat den schönsten Lasörlinganstieg vermittelt. Der Einstieg liegt hoch über gestaffelten Bergtrögen, in denen Alpenrosen glühen und rauchgraue, manchmal papierdünn gespaltene Verwitterungssteine liegen. Der blockgebaute Nordgrat ist fest, zwischendurch gut gegliedert und im oberen Teil vom Vor- zum Hauptgipfel sogar ein richtiger Klettergrat mit aufregendem Tiefblick zum Berger See und auf die weiten Trogböden des Lasnitzentales. Als höchster Gipfel im gesamten Lasörlingkamm, von Norden gesehen Abbild einer schlanken Kirchturmspitze, und bedingt durch seinen ungeheuren Formenreichtum im weitläufigen Umfeld wissen der stolze Berg und der schöne Alpenwinkel selbst die Begeisterung zu wecken und um Treue zu werben.

Wegverlauf in Kurzfassung

Virgen, 1194 m, ist Talort und Ausgang zur Wetterkreuzhütte, 2106 m, in den Nordhängen des Lasörlingkammes. Der Anstieg, 2½ Std., kann mit dem Wetterkreuztaxi der Familie Tschoner (Gasthof Rabenstein, Mellitz bei Virgen) erleichtert werden. Ab der Hütte verspricht der kleine Rundgang zur Zupalseehütte, 2342 m, der den kleinen Legerlegipfel, 2527 m, miteinschließt, Entspannung und Abwechslung, 3–3½ Std.; familienfreundliche Wanderung.

Der große Hüttenrundgang bzw. die Lasörling-Höhenwanderung, 4–5 Std., führt von der Wetterkreuzhütte zur Zupalsee-, Merschen- und Neuen Lasörlinghütte, ca. 2460 m. Abstieg durch das Mullitztal nach Welzelach, 4 km westlich von Virgen, 2¼–3 Std.

In Prägraten münden 2 Nordtäler vom Lasörlingkamm aus, die günstige Anstiege zum Hauptgipfel, dem Lasörling, 3098 m, vermitteln. Ab Pension Bergwelt das Zopatnitzental zur Berger-See-Hütte, 2182 m, 3–3½ Std., und das Lasnitzental zur Jausenstation Lasnitzenalm, 1887 m, 2–2½ Std. Von dort bietet sich der schnellste Zugang zum Lasörling über den Normalweg (Schutt) oder am Nordgrat (Trittsicherheit) an, 4–4½ Std.

Empfohlene Jahreszeit: Ende Juni bis Anfang Oktober.

Hingewiesen sei auf den alljährlich stattfindenden „Wetterkreuzlauf", eine gutbesuchte Veranstaltung, die den Aufstieg mit Alpin- oder Langlaufschi knapp vor Ostern vorsieht. Der Höhenunterschied von der Isel in der Talsohle bis zur Wetterkreuzhütte beträgt ca. 1000 m, die Bestzeit liegt bei rund 1 Std.

Erwähnt sei, daß die Merschenhütte im Sommer als Jausenstation dient.

Die Sonnseite oder das Kalser Gesicht des Großglockners

Bei Huben, einem geographisch bedeutenden Ort des Iseltales, zweigt die Straße nach Kals, dem Glocknerdorf, östlich ab. Über höhenträchtige Kehren gelangen wir nach Oberpeischlach, 1060 m, einer kleinen Ortschaft, die mit der Maria-Hilf-Kapelle auf einem gewachsenen Felsvorsprung hoch über der Schlucht des Kalser Baches steht. Erst in der Talmitte verlaufen Straße und Bach auf gleicher Höhe, wo uns der stürmische Staniskabach aus der Schobergruppe entgegenstäubt. Als Schleierfall ist er weitum bekannt und immer ein gutes Foto wert, ebenso der gläserne Talhintergrund, in dem eisübergossen der Großglockner residiert. Nach Süden zeigt er sein Kalser Gesicht mit geradlinig vorspringendem Stüdlgrat und mit dem Zackenbogen der Glocknerwand. Dem berühmten Berg zu Füßen breitet sich Kals/Großdorf, das in langer Geschichte gewachsene Glocknerdorf, aus, dessen Wurzeln in das 12. Jahrhundert zurückgreifen.

Orts-, Flur- und Gehöftenamen bezeugen die Landnahme durch verschiedene Völkerschaften. Lieferte ein Steinzeitbeil den Hinweis auf früheste menschliche Besiedlung in Kals, so deuten ausgegrabene Münzen und die große Zahl romanischer Flurnamen auch auf eine römische Zeit hin. In langem Geschehen hat Kals zu einer auffallenden Eigenständigkeit gefunden und war beeinflußt durch einen abgesplitterten wandernden Germanenstamm der Goten, die das Blondhaar und den hohen Wuchs ins Dorf vererbt und den Kalsern ein freundliches Wesen hinterlassen haben. Den ruhigen arbeitsfreudigen Menschenschlag mag auch die klimatisch günstige und sonnenreiche Lage des Ortes mitgeprägt haben, halten doch die steil aufgerichteten Berge die Wucht der Nord- und Westwinde ab und fangen zwischen den felsigen Gratarmen der Hohen-Tauern-Südseite Sonne und Wärme ein. Eine nicht unwesentliche Rolle spielte in früher Zeit der Bergbau in Kals, 1325 m, der sich in die Vorherrschaft der Römer und auf verblassenden Spuren in das Teischnitztal oder in den Weiler Staniska zurückverfolgen läßt, wo Kupfer den materiellen Wert der Zeit bestimmte. Bis in die 2. Hälfte des 18. Jahrhunderts blühte der Bergbau, ehe der Großglockner den althergebrachten Stil und das künftige Leben der Kalser verändern sollte.

Ein völlig neues Kapitel beginnt mit dem Prager Kaufmann Johann Stüdl, der ein Wegbereiter des Alpinismus und des damit verbundenen Tourismus größeren Ausmaßes war. Sein Interesse galt vornehmlich dem Großglockner, Österreichs höchstem gestrengen Berg, der auch die tüchtige Kalser Garde der Glocknerführer gebildet und den Lienzer Bergsteiger Franz Keil auf seine eisigen Höhen gerufen hat. Keil fand den Weg auf die Adlersruhe, die von Kärntner Seite schon 53 Jahre früher erreicht worden ist und zur ersten Glocknerersteigung um 1800 führte. Wiederum war es Johann Stüdl, der 1868 den ersten Glocknerstützpunkt schuf, die nach ihm benannte Stüdlhütte auf der Fanotscharte.

Mit dem einsetzenden regen Glocknertourismus mischten sich dünne Goldfäden in den bescheidenen Wohlstand der Land- und Forstwirtschaft treibenden Bevölkerung, ohne daß die reale Lebenseinstellung und der dörfliche Zusammenhalt verlorengingen. Aus beiden schöpfen die Kalser die Kraft und gute Ideen, die den Fremdenverkehr im Sommer und Winter fördern und mit zusätzlich gewaltigen Investitionen weiterhin konkurrenzfähig machen. 1979 wurde die neue Kalser Großglocknerstraße zum Lucknerhaus gebaut und 1982 der Panoramaweg zum Kals-Matreier Törl. Der Glocknerblicklift ist durch neue Waldabfahrten bereichert worden, und versicherte Klettersteige führen auf die Blauspitze und den Vorderen Kendlkopf. Ein vieldiskutiertes Liftprojekt auf den Greiwiesen scheint der heimliche Wunsch zu verdrängen, das vom Gelände her besser geeignete Berger Törl zu erschließen. Noch ist auch der geplante, das Dorfer Tal überflutende Stausee nicht gebaut, und alle Aufmerksamkeit wendet sich den gewachsenen Schönheiten eines Ortes zu, den wir und die vielen Besucher aus den Nachbarländern seit Jahrzehnten kennen und schätzen. Wer in den stattlichen blumenquellenden Kalser Bauernhäusern einmal zu Gast war, wer die Weite der größtenteils unberührten Berglandschaften genossen hat, dem wird vieles in lebendiger Erinnerung bleiben.

Am eindrucksvollsten ist die mühlos erreichbare, bereits hohe Etage des Großglockners beim Lucknerhaus. Ein prächtiger Blick bietet sich dar, wenn über hellgrünen Lärchenwipfeln der weiße Bergriese in die Wohnung Gottes wächst. Der Sommer vermag in der Landschaft wahre Feste zu feiern und die Menschen haben es ihm abgeschaut.

Zwischen Flur und Wildbach steht die Georgskirche in der Weitung des Kalser Tales.

Der Großglockner – auf Österreichs höchstem Thron 34

„Alles Vergängliche ist nur ein Gleichnis – auch das Bergsteigen. Und zwar das vollkommene Gleichnis des Lebens: ein Streben und Ringen, ein Suchen und Zagen, ein Irren und Finden." So schreibt Albert Halbe über das Wesen der Berge, die magnetenhaft das Leben der Niederungen anziehen und die Sehnsucht nach Weite und Ferne erfüllen wie die Wellen des Meeres und der heiße Atem der Steppen. Und er fährt fort: „Wer einmal in den Bann dieser Größe gerät, kehrt immer wieder zu ihr zurück. Berge sind immer erhaben und groß und geben ihr Geheimnis nicht ohne Anstrengung preis."

Von der Größe und Schönheit eines Berges soll erzählt werden, vom König der Hohen Tauern. Die von Sieg, Kampf und Tod beherrschte Geschichte des Großglockners reicht zurück an jenen denkwürdigen 28. Juli 1800, als die Brüder Klotz aus Heiligenblut mit Pfarrer Horasch aus Döllach und zwei weiteren Begleitern nach mehreren gescheiterten Versuchen Österreichs höchsten Gipfel betraten. Sie stellten dort ein ca. 1 Meter hohes geschmiedetes Kreuz auf, das später im Sturm zerbrach. Seit 1880 trägt der Großglockner, über den die Grenze zwischen den Bundesländern Tirol und Kärnten (Gemeindegebiete Kals und Heiligenblut) verläuft, das „höchstgelegene Kunstwerk" Österreichs, das Gipfelkreuz, das vom Österreichischen Alpenclub als „Kaiserkreuz" aus Anlaß des 25jährigen Ehejubiläums Franz Josephs und Elisabeths (1879) gestiftet wurde.

Der geglückten ersten Großglocknerbesteigung und einer zweiten am nächsten Tag folgten zögernd und in großen Zeitabständen weitere Gipfelbesuche. Die erste Ersteigung von Kals aus erfolgte überhaupt erst 53 Jahre später. Dann aber setzte ein unvergleichbarer Sturm auf den Bergriesen ein, eine Vielzahl von schwierigen Routen wurde eröffnet und die abenteuerlichsten Geschichten fanden ihren Widerhall in Presse und Rundfunk. Der jüngste Sieger über den 3798 m hohen Gipfel wurde gekürt; und Bewunderung gebührt einem Blinden oder beidseitig Beinamputierten, die ebenfalls das Ziel ihrer Träume erreichten. Rekordzeiten wurden auf- und eingestellt und werden derzeit von drei Virgener Bergindividualisten „gehalten", die vom Parkplatz beim Lucknerhaus aufs Teischnitzkees und über den Stüdlgrat den Gipfel in der unglaublichen Zeit von 1,48 Std. überrannten. Sie haben das hohe Ziel erreicht und den Endpunkt einer „alpinen Reise", wie ein Bergfreund lächelnd versichert hat, der von Bergamo zu Fuß durch die bizarre Dolomitenwelt bis auf den Großglockner marschiert ist.

Nicht immer ist der Berg so gutmütig, die Verhältnisse ideal für einen Aufstieg auf den höchsten Thron. Den Berg im Zorn zu erleben heißt, mit seinen Widerwärtigkeiten, mit seinen dunklen Kräften fertig zu werden, die vielen Menschen schon, auch Söhnen und Bergführern aus den Glocknerdörfern, das Leben gekostet haben. Gedächtniskapellen in Kals und oberhalb der Glocknerblicksessellift-Bergstation enthüllen jährlich neue Namen, die am Großglockner glücklos blieben.

Die Erstbegeher wählten den „Weg" von Heiligenblut durch das Leitertal zur heutigen Salmhütte, die von Kals ausgehend über die Glorer Hütte am Berger Törl zugänglich ist. Der alte, um 1800 benützte Glocknerstützpunkt ist noch immer am Felsfuß des Schwerteckes, in einer nassen und modrigen Höhle vertieft, sichtbar.

Bergsteiger und Touristen von auswärts wählen bevorzugt das Ködnitztal, und den alten Kalser Weg zur Adlersruhe. Über Firn oder Eis führt das Glocknerleitl zum Vorgipfel oder Kleinglockner, wo eine klaffende Einschartung vom berühmten Bruder trennt, über den dickflaumige Wolkenteppiche streifen, die meist von Nordwest kommen und unter einem anderen Himmel geboren sind.

Wegverlauf in Kurzfassung

Die neue Kalser Glocknerstraße führt von Kals, 1325 m, in den Ortsteil Burg und zum Lucknerhaus im Ködnitztal, 1984 m, 7 km, Maut (großer Parkplatz). Von dort ist die Glorer Hütte am Berger Törl, 2642 m, in 2½ Std. erreichbar, während die Salmhütte auf Kärntner Gebiet eine weitere Stunde entfernt liegt. Über die Hohenwartscharte, 3182 m, in 3 Std. zur Adlersruhe, 3454 m. Am bekannten Eisleitl zum Kleinglockner und im Felsbereich in die Obere Glocknerscharte, mit Schlußanstieg zum höchsten Punkt, 3797 m, 1½ Std.

Vom Lucknerhaus erfolgt der meistgewählte Glockneranstieg zur Lucknerhütte, 2227 m, und Stüdlhütte auf der Fanotscharte, 2802 m, 1½–2 Std. Am alten Kalser Weg zur Schere, 3031 m, ¾ Std., und über das Ködnitzkees zur Adlersruhe, 2 Std.

Mit Steilfels entragt der Großglockner dem Ködnitzkees. Zur Linken lädt der Stüdlgrat, rechts das vielbegangene Eisleitl ein.

Im Kalser Dorfer Tal – Almen und schimmerndes Eis

35

Hochtürmende Bergflanken und hehre Gipfel umschließen das grünende Kalser Tal; eine beengte, aber feierliche Welt aus dunklem Fels und schattigem Bergwald. Dazwischen rauschen Bäche, die eines gemeinsam mit den schimmernden Firnen haben; die weiße Farbe, die verrät, daß auch sie Kinder der hohen Berge sind. Einer der kräftigen Gebirgsbäche tritt schäumend aus der engen Daberschlucht, durch die der Felsenweg in romantische Szenen taucht. An einer Stelle ist die Schlucht so schmal, daß der Weg in einen nachtdunklen Stollen führt, der nur zur schneefreien Jahreszeit auch außerhalb begehbar ist.
Sommer und Sonne erwarten uns in der flachen, breiten Sohle des Dorfer Tales – und Licht, das von allen Höhen fällt. Die Wanderung in das Dorfer Tal mutet wie ein Spaziergang an, wie ein Ausflug in ein Tal der Almen, das aber hinter harmonischen Bildern die strengen Pflichten des Alltags verbirgt. Um 4.30 Uhr beginnt für den Senner und Hirten der Bergerebenalm der Tag. Da treibt er das Vieh aus den Ställen auf die umzäunten Weiden, die meist bis zum Talbach hinreichen. Einige Kühe, die noch gemolken werden, folgen später nach, währenddessen die Milchkannen im eisigen Wassertrog für den Abholdienst bereitstehen. Am Vortag hat er hoch am Berghang zwischen Lärchen und Erlen eine steile Lichtung gemäht und heute will er das Heu wenden oder in 10 bis 12 Lasten heimholen, weil im Westen die Wolken zum Sturm auftürmen. Die letzten Regentage haben die Quellen gestört, die in einen hölzernen Behälter sickern und in einer 400 Meter langen Schlauchleitung die Hütte, den Stall und den offenen Viehtrog auf der Weide versorgen. Sand und Erde haben den Abfluß verlegt und das bißchen Restwasser stark verunreinigt. Einige Wochen kümmert sich der Senner auch um das Vieh seines Nachbarn, der Nebenerwerbsbauer ist und gelegentlich am späten Abend erst auf die Alm hetzt und anfallende Reparaturen an Hütten und Weidezäunen auf den Feiertag verschiebt. Inzwischen sind die Wiesen in der breiten Talsohle schnittreif herangewachsen und werden mit der Maschine gemäht, wo sie in all den Jahren entsteint worden sind. Der größere Teil der Mahd fällt von Hand aus und häuft sich zu Schöbern, die man auch auf kirchturmsteilen Rainen sehen kann. Da bleibt selten Zeit, auf der hölzernen Bank vor der Hütte einmal auszuruhen. Währenddessen sind Gäste in den guten Zimmern einer Nachbarhütte eingezogen, vielleicht noch taub vom Lärm der Stadt. Später grüßen sie unseren Hirten über den Zaun und meinen, wie gut er es habe und wie gesund es sei, stets in der Sonne und frischen Luft zu sitzen.
Zwei große Gebirge mit klangvollen Namen säumen das breite Tal, die Granatspitzgruppe mit dem Großen Muntanitz im Westen und östlich gegenüber die mächtige Glocknergruppe. In der Mittagssonne blitzen die Eistürme wie geschliffenes Glas auf und streuen ihr Licht auf die Erlen und wogenden Junglärchen beiderseits des Weges. Dieser führt ohne besondere Steigung an altgewordenen Almhütten vorbei und an Zäunen entlang, hinter denen der Duft von Heu und Sommer schwelgt. Zwei Stunden sind es zum Kalser Tauernhaus mit der anmutigen Kapelle und den hochstämmigen Lärchen, die den Wind auffangen, der gelegentlich mit einsilbigem Rauschen durch das Tal streicht. Vielleicht beklagt er das Vorhaben der Menschen, im Dorfer Tal den größten Stausee der Alpen anlegen zu wollen, wenn der Streit um dieses Gigantenwerk einmal entschieden sein sollte. Der Dorfer See, den ein gewaltiger Bergsturz gestaut hat, liegt auf der nächsthöheren Trogstufe, von dort ist der Talschluß mit den Kalser Tauern zum Greifen nahe.

Wegverlauf in Kurzfassung
11 km mißt das Dorfer Tal, und von Kals über Burg zum Tauernwirt, ca. 1500 m, erreichen wir den Taleingang. Dort führt uns der Weg in die enge Daberklamm (teilweise Tunnel) und in die höher gelegene Talsohle mit schönen Almen (Jausenstation Berger Alm, 1637 m, $^3/_4$ Std.).
Das Kalser Tauernhaus, 1755 m, 2 Std., von hohen Bergflanken umstellt, ist Stützpunkt in einem der wertvollsten Kalser Wandergebiete. Der Dorfer See, 1935 m, liegt auf der nächst höheren Talstufe, 1 Std., und ist durch einen Bergsturz gebildet worden, der selbst den Abfluß auf einige 100 m überlagert. Im Talschluß, $^3/_4$ Std., zweigt bei beschrifteten Steinen der Silesia-Höhenweg zur Sudetendeutschen Hütte ab, 5–6 Std., während entgegengesetzt, nördlich, ein Kehrensteig zum Kalser Tauern hinaufführt $^3/_4$ Std.; $4^1/_2$ Std. von Kals.
Zum Alpinzentrum Rudolfshütte am Weißsee, 2311 m, $^1/_2$ Std. absteigen.
Beste Jahreszeit: Juni bis Oktober.

Das Lapperwitzkees und der Kastengrat bilden die äußersten Grenzen des Dorfer Tales.

Wandern und Klettern in Kals – eine Welt für Bergvagabunden 36

Von der Glocknerblick-Bergstation bewundern wir die strahlende Kulisse, die am schönsten ist, wenn die Sonne rot und riesig durch den Herbst der Schobergruppe schreitet.
Die sonnigen Wanderwege führen von der Bergstation zum beliebten Kinderspielplatz in einem schütteren Lärchenwäldchen hinauf und verzweigen bei der Gedächtniskapelle, mit dem Panoramaweg zum Kals-Matreier Törl. Nördlich leitet der Aussig-Teplitzer Weg, der nach Industriehauptstädten in Nordböhmen benannt ist, zu zwei Kalser Kletterbergen: Die Blauspitze mit weitgestreuten Serpentinhalden ist in die vordere Reihe der bekannten Berge aufgerückt, seit auf ihrem Ostgrat ein abwechslungsreicher Klettersteig mit fix montierten Haken angelegt worden ist. Auf halbem Weg zwischen Bergstation und Hohem Törl weist eine Tafel zum Kletterabenteuer hin, das Übung im Fels erfordert.
Die schwierigste Stelle birgt der graue Turm, der frei und mit einer 12 Meter hohen Wand vom Grat absteht. Einmal haben wir das Gipfelkreuz im Winter erreicht, das im kalten Atem einer eisigen Stunde mit Rauhreif bestickt und mit Schnee behangen war. Verzaubert mit wunderschönen Kristallen, so ist uns das Bild in Erinnerung geblieben, geschenkt für kurze Zeit im Weiß der weiten Wintererde.
Zum Klettersteig auf die Vordere Kendlspitze wählen wir ebenfalls den Aussig-Teplitzer Weg zum Hohen Törl. Noch ein Stück führt der Sudetendeutsche Höhenweg, bis eine Tafel nach rechts hinter das Tschadinhörndl zeigt. Der Südgrat auf die Vordere Kendlspitze beginnt leicht und schuttbedeckt mit etwa kniehoch verspanntem Stahlseil. Erst nach einer aussichtsreichen Schuttkanzel setzt die eigentliche Kletterei an, die auf schmalem, fallweise ausgesetztem Turmgrat ein gutes Balancegefühl voraussetzt.
Das Kreuz der Vorderen Kendlspitze hat die Kalser Jungbauernschaft in die Nähe des Himmels gesetzt und deutlich rückt es von den üblichen Formen ab. Im Schwarzblech eingemeißelt sind Ingeborg Bachmanns Worte, die wir in der Hast unseres Lebens oft vergessen: „Es gibt nichts Schöneres unter der Sonne, als unter der Sonne zu sein.“ Der Abstieg erfolgt am neuen Steig durch das grobe Westkar, das blockbedeckt im eigentümlichen Dürrenfeld ausfließt.

Wegverlauf in Kurzfassung
Mit dem Glocknerblick-Sessellift von Großdorf, 1364 m, bis zur Bergstation, 1941 m. Von dort am Panoramaweg zum Kals-Matreier Törl, 2207 m, 1½ Std. Als Rundtour weiter ins Matreier Goldried und mit den Sesselbahnen nach Matrei. Ein zweimal am Tag pendelnder Panoramabus bringt uns wieder nach Kals zurück (Fahrtdauer 1 Std., letzte Fahrt ca. 16.15 Uhr).
Der Klettersteig auf die Blauspitze, 2554 m, 3–4 Std., ist mit III+ bewertet. Fix montierte Haken (keine Karabiner notwendig) erleichtern ebenso den Südgrat auf die Vordere Kendlspitze, 3088 m, 4–5 Std. II–III. Übung erforderlich.
Beste Jahreszeit: Juni bis September.

Nördlich der Glorer Hütte treten wir dem urtümlich wirkenden Schwerteck, bereits auf Kärntner Boden liegend, gegenüber. Ein Bergriese, dem Züge aus fremden Ländern eigen sind.

Wenn die Sommerfarben in das Kalser Lesachtal einziehen

37

Über den aufgeräumten Weilern Unter- und Oberlesach öffnet sich breit das Lesachtal, herb und schön geprägt von den erhabenen Bergen der Schobergruppe. Der Glödis tritt mit seinen turmbewehrten Graten am weitesten vor; das perlenweiße Eisfeld und die gediegene Form steht keineswegs im Widerspruch zu seinem kantig und scharfgeschnittenen Profil. Seine kühne Spitze krönt ein Kreuz, das hell wie ein Diamant in die Dämmerung funkelt. Noch im verzehrenden Licht tanzen bunte Farben auf den Anhöhen des stolzen Berges und auch die letzten Bilder, die nur noch dunkle Umrisse erkennen lassen, verherrlichen den Glödis, ehe er in die lautlose Stille der erkaltenden Nacht taucht. Der große Gegenspieler des zu einer unnachahmlichen Pyramide gewachsenen Glödis ist der eisstrotzende Hochschober, dessen vielbeachtete Nordwand den Eisbergsteiger in das Ralftal lockt, in ein hochgelegenes Seitental, das bei der Lesachalm einmündet. Nur ein dürftiger Pfad führt in das Reich des Hochschobers, und wer ihn zum Freund hat, muß ein empfindsames Herz besitzen, das dem Geheimnis seiner Schönheit und dem Leuchten seiner Firne auf der Spur ist.

Oberlesach liegt an der Schwelle in dieses Sommertal und zwei Wege führen ins Reich der schroffen Felsgestalten: der alte Fußsteig, der durch lachende Blumenwiesen zum lebhaften Bach führt und abschließend die große Stufe auf die Almverebnung nimmt, wo die Hütten Teil der sie umgebenden Berglandschaft sind. Der breite Forstweg holt nördlich aus und erschließt das entlegene Rubisoigehöft und ist ab dem Schranken hoch über dem Talbach für den privaten Verkehr gesperrt. An der Scheitelstelle des Weges darf man den Anblick des Hochschobers und seiner Gefolgschaft nicht verpassen; ein selten geschautes Bild, eine großartige Bergszenerie, die, wie ein Hirte treu versicherte, der Herrgott selbst entworfen hat. Mit feierlich weißem Chormantel steht der Hochschober im weiten Raum der Natur, all seine felsigen Brüder überragend. Knapp vor der Scheitelstelle zweigt der Weg zur Lesachriegelhütte ab, die am ausklingenden Westrücken der Schönleitenspitze steht, während unser Weg mit leichtem Gefälle zu den hölzernen Hütten der im Grün prangenden Lesachalm abfällt. Der Almboden, auf dem sich auch die versperrte Bubenreuther Hütte befindet, erstreckt sich weit und sanft bis an den rauhen Bergfuß von Glödis und Rotem Knopf am Talende. Weißschäumend durchschlängelt der Lesachbach das Naturreservat, in dem dichtwuchernde Alpenrosenpölster dem Vorsommer Freude schenken. Es ist ein besinnlicher Rastplatz und etwas abseits der Hütten überrascht auch ein wetterfestes Kreuz aus der Hand eines tiefgläubigen Zimmermanns.

Bergsteigen im Ralftal verbindet die Erinnerung überwiegend mit Ski und glitzerndem Frühjahrsschnee, der bis zum Schobertörl, dem Ralfkopf und dem wächtengesäumten Hochschober genußvolle Hochtouren erlaubt.

Der etwas versteckte Steig in das Ralftal verrät sich gleich nach der Bachbrücke unterhalb der Lesachalmhütte und linker Hand führt der markierte Waldsteig durch Heidekraut, freigehackte Staudengruppen und windgebeugte Nadelbaumriesen empor. Das Ralftal, das wir später auf der linken Seitenmoräne betreten, führt in einsame Höhen, wo wir dem Hoch- und Kleinschober direkt gegenüberstehen. Der eisglänzende, in Treppen ansteigende Talschluß wird vom Schobertörl gebildet, das im Spiel von Wind und Schnee zeitweise sein Aussehen ändert. Geübten sei mit der Überschreitung des Klein- und Hochschobers am NO-Grat eine sehr dankbare und mit dem Anstieg durch die etwas verspaltete Nordflanke auch eine „rassige" Tour in der Schoberflanke verraten. Sie führt auf einen leuchtenden Gipfel, auf dem wir Menschen begegnen, in deren hellen Augen etwas von Sonne und Schnee übriggeblieben ist.

Wegverlauf in Kurzfassung

Etwa 2 km südlich von Kals liegen die Weiler Unter- und Oberlesach, 1309 m. Ein Forstweg (Schranken, nahe dem Gehöft Rubisoi, 1526 m) und ein alter Fußweg von Oberlesach führen in $1\frac{1}{2}$ – 2 Std. zur Lesachalm, 1828 m (Hütte mit Fahnenmast); mehrere verstreute Hütten, von herrlichen Bergen umstellt, liegen auf der vorderen Talverebnung mit günstigem Ausgangspunkt in das Ralftal. Dort residiert der mächtige Hochschober, 3240 m, 5 Std., mit eisiger Nordflanke und Anstiegsrouten für den ortsvertrauten und geübten Bergsteiger. Zum Schobertörl, 2905 m, 3 – $3\frac{1}{2}$ Std.

Die Lesachriegelhütte, 2120 m, steht am Westrücken der Schönleitenspitze und ist von Oberlesach in $3\frac{1}{2}$ Std. zugänglich. Guter Ausgangspunkt auf die Schönleitenspitze, 2810 m, 2 Std.

Geeignete Jahreszeit: Juni bis September. Skitourenzeit: April bis Juni.

Das Bergbauernanwesen Schliederle im Ködnitztal zählt zu Osttirols höchstgelegenen.

Das Defereggental – von der Schwarzachmündung bis zum Hochgall

Oberhalb des brausenden Schwarzachflusses und steiler Wälder begrenzen die Deferegger Alpen im Süden und der Lasörlingkamm im Norden das Defereggental, das am Hochgall mit Eis und Wächten abschließt. Schon vor zweitausend Jahren dürften Räter und Veneter-Illyrer Weideplätze hier gesucht haben, sie siedelten über das hochgesetzte Virgen- und Mullitztörl zu, war doch das Defereggental flußaufwärts durch die tiefe Klamm westlich von Huben und durch die Mellitzenge nicht passierbar. Die nachrückenden und mit der Urbevölkerung sich vermischenden Kelten waren bereits erprobte Viehzüchter. Klangvolle Tal- und Ortsbezeichnungen wie Trojen oder Daber sind keltischen Ursprungs, während die zahlreichen „Lenken", gemeint sind Gebirgseinschnitte, Übergänge, sich mit dem Slawischen verbinden. Die Talbezeichnung, die eigenartigerweise sich vom Namen des durchfließenden Hauptbaches lossagt, ist keltisch, und es dauerte Jahrhunderte, bis endlich ab 1773 Defereggen in der heute gebräuchlichen Schreibweise feststand. Wo sich in der einzigen Talweitung der aufstrebende Ort St. Jakob ausbreitet, soll um die Jahrhundertwende eine Ortschaft von einem Bergsturz verschüttet worden sein, wobei sich ein gewaltiger Schuttkegel gebildet hat, der lange einen See im Talboden staute; heute trägt er den Ortsteil St. Leonhard.

Im 15. Jahrhundert setzte mit Erzfunden im Trojer-, im Tögischer-Bach-Tal und im Glaurit ein neuer Abschnitt im Defereggental ein, der mit etwas Silber und Gold aus den Bergen die magere Vorzeit in Vergessenheit geraten ließ. Aus der Zeit um 1627 stammen die heute großteils markanten Gebäude, wie das Knappenhaus in St. Jakob, das jetzt die „Knappenstube" und das Postamt beherbergt. Andere Häuser, an dicken Mauern und wuchtigen Gewölben erkennbare einstige Bergknappenunterkünfte befinden sich in mehreren umliegenden Ortsteilen. Der Bergbau erlahmte im 18. Jahrhundert durch außereuropäische Konkurrenz, durch die Einführung unwürdig hoher fürstlicher Abgaben und durch den Hungerlohn, den die erzstiftliche Verwaltung willkürlich festlegte. In die Bergbauzeit fällt ein weiteres Ereignis, das Verwirrung im stillen Tal und unter der katholischen Bewohnerschaft viel Unheil stiftete: die Verbreitung einer protestantischen Glaubensbewegung. Die vermutlich von zugewanderten Bergknappen und Hausierhändlern eingeschleppte „Häresie" führte zur rücksichtslosen Ausweisung von 800 Talbewohnern, die 1684 mitten im strengen Winter und ohne ihre Kleinkinder aus mehreren Orten gleichzeitig ausgebürgert wurden. Einen ähnlichen hohen, wenn auch aus anderem Grund verursachten Bevölkerungsschwund verursachte der nach dem Erliegen des Bergbaues sich entwickelnde Hausiererhandel vom 17. bis in die Mitte des 19. Jahrhunderts, welcher Tuch-, Teppich- und Sensenhändler bis vor die Tore Moskaus führte. Die Wanderlust dieses Bergvolkes charakterisiert eine Anekdote, derzufolge bereits Kolumbus bei der Entdeckung Amerikas von strohhutschwenkenden Defereggern empfangen worden sein soll. Heute noch leben viele Defereggger Familien weit verstreut, und eine angestammte, unauslöschliche Liebe zur Heimat wird auch folgende Generationen noch auf der Spur einer stillen Sehnsucht zurückführen; zurück in ein Tal, das seine Bewohner mit brennendem Eifer bewirtschaften und als das Extrastüberl Tirols bezeichnen.

Wer heute von Huben aus und hoch über der Schwarzachschlucht in das Gebirgstal fährt, mag vorschnell der steilen Erde mißtrauen, der fleißige Hände das Grünen und Blühen aufgezwungen haben. So wenden sich die Hälfte der Bewohner der Land- und Forstwirtschaft zu, und der damit verflochtene hochentwickelte Sommer- und Winterfremdenverkehr haben die Infrastruktur des Tales und den erwerbsbedingten Spielraum deutlich verbessert. Wandern und Bergsteigen in ca. 20 Seitentälern, alpiner Ski- und Langlauf auf Pulverpisten und Loipen sind ungezählten Stammgästen längst vertraut.

Die Täler, Hütten und Gipfel des Defereggentales in diesem Buch vorzustellen, soll mehr sein als bloß Verpflichtung, der schematisch nachzukommen ein Spiel von Zahlen und Worten ist. Es bedarf einer längeren Anlaufzeit, in der auch Verborgenes in einem Tal erkennbar wird und eine spürbare Bindung zu ihm aus kleinsten Zellen wächst. Man muß selbst – und das gilt für alle Osttiroler Bergtäler – die ganze Talsohle ausgewandert, in allen Hütten eingekehrt und auf den meisten Höhen gestanden sein. Einige Täler und manche Gipfel muß man oft besuchen, um ihre Eigenheiten besser zu erfassen, um mit einer freudig gewonnenen Erkenntnis etwas davon erzählen zu können.

Hauptort des Defereggentales ist St. Jakob. Im Hintergrund thront der Hochgall, ein Riese aus Fels und Eis.

Brunnalm – Leppleskofel

38

Die schlafende Alm – so hätte man die Brunnalm in vergangener Zeit näher bestimmen können, abgelegen und unbekannt wie sie war. Heute ist sie zu einem gepriesenen Markenzeichen des Defereggentales geworden, gewachsen mit hohen Investitionen durch eine rührige Talbevölkerung. Zwei Sessellifte führen vom Sporthotel Jesacher von 1390 m bis auf 2053 m hinauf und mehrere Schlepplifte durchpflügen die daunenweichen Pulverhänge, die bis knapp unterhalb des Leppleskofels reichen. Schon um Mitte November schreitet der Winter über die Brunnalm, zunächst mit Grundschnee, den die kräftigen Winde aus dem Süden heranschaffen, während den federleichten Pulverschnee die Nordwinde über die Alpengipfel werfen. Spuren, Schwünge und stäubende Fahnen auf sonnigen Höhen und breiten Waldabfahrten – dafür verbürgt St. Jakob mit Pistengütesiegel und Schneegarantie.

Wir stellen uns die Brunnalm mit dem grünenden Mantel des Sommers vor, mit dem heiteren Lachen, wenn satte Farben um die Almhütte lebendig werden und hoch aus den Hängen und von allen Gipfeln leuchten.

Mit den Sesselliften auf die Brunnalm ist der Kulissenwechsel schnell vollzogen. Noch haben wir uns auf den Bergwiesen nicht warmgelaufen, da erhebt sich bereits die steinerne Bergkette südlich der Alm mit Roter und Weißer Spitze. Gutmütig und wesentlich näher ist dagegen der Leppleskofel, zu dem der markierte Wiesensteig vorerst zur Ochsenlacke, später zur höchstgelegenen Schleppliftstation führt. Abschließend steigen wir auf der Südseite und mit zunehmender Steigung zum Gipfelkreuz, wo uns eine unvergeßliche Aussicht empfängt und uns bewußt wird, dem Samt des Himmels näher zu sein als den Tälern und dem grauen Alltag.

Wegverlauf in Kurzfassung

Zwei Schlepplifte, 1390–2053 m (Talstation beim Sporthotel Jesacher), erschließen die Brunnalm auf nordwestlich abgedachtem Bergwiesengelände (Gastbetrieb, 6 Schlepplifte).
Der Leppleskofel, 2820 m, 1½–2 Std. (Kreuz, Wanderstempel), ist auf markiertem Steig erreichbar.
Beste Jahreszeit: Mitte Juni bis September.

Ein stürmisches Wasser aus fernen Höhen des Bruggeralmtales.

Die Bruggeralm – Zwischen brennenden Alpenrosen und hohen Bergen

39

Im nahen Ortsteil St. Leonhard wandern wir in das von Wäldern eingebettete Bruggeralmtal bis hin zur gleichnamigen Alm, wo der breite Forstweg endet, eine Jausenstation Durst und Hunger stillt und eine imposant aufragende Bergkulisse den großzügig gewachsenen Rahmen bildet. Die Bruggeralm, ein kleines, wetterfarbenes Almdorf, liegt direkt unter dem wild auffahrenden Felsbau der Roten Spitze, in deren dunkler Nordflanke die lange blauschattige Bergnacht zu Hause ist. Der ineinandergeschobene Bergkamm ist reichlich von Scharten und Senken unterbrochen, über die der Morgen und das Sonnengold des Tages fallen.
Mehrere hundert Jahre alt sind die Hütten am vorbeirauschenden Bach. In letzter Zeit hat man die Hütten renoviert und sie wohnlich heutigen Ansprüchen angepaßt; sie werden an Gäste vermietet, denen der Abschied von der Großstadt nicht schwergefallen ist. Dort, wo das geschwätzige Ragötzlbächlein heruntertollt, versteckt sich über Erlenhängen und unzähligen Alpenrosenblüten die Hütte der Ragötzlalm, unter deren knallig rotem Dach Milch und Brot als beste Wegzehrung zur Roten Spitze oder zur Langschneid angeboten werden. Umzäunte Wiesen liegen wie Teppiche vor der stillen Klause, die mit braunen Balken die Wärme eines Sommertages ausstrahlt.
Die *Langschneid* lädt über die sanfte rasenbedeckte Ragötzllenke auf breitem Südrücken als „Sommerspaziergang" ein.

Im Aufbau ausladend und breit gefaltet ist die *Rote Spitze,* die im Defereggental als Weiße Spitze geläufiger ist. Etwa 20 Minuten oberhalb der Ragötzlhütte schwenken wir auf die Nordseite des Berges. Ein blockgefülltes Hochtälchen, ein grell im grauen Kar verborgener See und ein kegelartiger Vorgipfel am Westrücken prägen den Anstieg. Eine felsige Scharte klafft noch vor dem höchsten Punkt, ein Riff, das Wolken teilt, gleich einem Fanal, auf dem die Sonne am Mittag ruht.

Wegverlauf in Kurzfassung

Der mächtigen Roten Spitze, 2956 m, nördlich zu Füßen liegt die versteckte Bruggeralm, 1818 m, 1 Std., mit Gastbetrieb während der Sommerzeit (Zufahrt gestattet).
Wanderwege führen auf die Brunnalm, 2053 m, 1 Std., oder zur Ochsenlenke im Talschluß, 2744 m, 2½–3 Std. In entgegengesetzter Richtung zur Ragötzlhütte, 2115 m, ¾–1 Std., mit Jausenstation. Unbeschwerlicher Anstieg in ¾ Std. zur westlich gelegenen Ragötzllenke, 2500 m, und zur Langschneid, 2689 m (Vermessungszeichen, Wanderstempel).
Die Rote Spitze, 2956 m, mit Ausgangspunkt Ragötzlalm, ist über die Nordseite in ca. 3 Std. erreichbar. Knapp vor dem Gipfel (Kreuz und Buch) ist etwas Vorsicht in einer seilversicherten Einschartung geboten.
Beste Jahreszeit: Juli bis September.

Rote und Weiße Spitze umstellen das St. Jakober Gemeindegebiet im Süden.

Grenzberge um den Staller Sattel

40

In das Staller Almtal führt eine asphaltierte und auch im Winter geräumte Straße. Sie überquert gleich nach Erlsbach den Schwarzachfluß und überwindet mit einigen Kehren die bewaldete Stufe in die breite hochgehobene Sohle des Staller Almtales. Dorthin führt auch der alte steinige Weg, der von der Katzleiterbrücke aus, 400 Meter innerhalb der Straßenauffahrt, die Talstufe nimmt und eine unkündbare Freundschaft mit dickborstigen Zirben und harztriefenden Lärchen pflegt.
Voll Farbharmonie und ästhetischer Wirkung ist der Übergang in die Talsohle. Der Touristenstrom flutet auf der Straße dahin und konzentriert sich beim tiefblauen Obersee, wo die Grenze zu Südtirol nur Formalität ist. Am nordwestlichen Ufer steht die aus kantigen Granitblöcken erbaute Oberseehütte mit sonniger Terrasse und langjähriger, auch an Südtirol gebundener Tradition. Ein Uferstreifen des Obersees ist in seiner Ursprünglichkeit erhalten geblieben, wo dunkelglänzende Zirben sich am Felsen festkrallen und nah ans Wasser treten. Dicht verfilzte Alpenrosenpölster lauschen dem Geplätscher und weit beugen sich die Berge über den See, auf dem weiße Wolken mit prallen Segeln lautlos ihre Bahnen ziehen. Im Winter ist der mehr als 1 Kilometer lange Seespiegel mit tragfähigem Eis und Schnee bedeckt und von schnurgeraden Loipen überspurt, bevor sie im kupierten Almgelände große Schleifen drehen. Während der Vorherrschaft des Pulverschnees beleben Schlepplifte die Hangterrassen der sonnigen Talseite, mit dem zentralen Ausgangspunkt im Bereich der Staller Alm.
Zu den meistbesuchten Sommergipfeln gesellt sich das *Almerhorn,* auf dessen granitbedecktem Großgipfel ein Kreuz aufgestellt ist; ein Platz, von dem aus man ungehindert über die zersplitterten Ohrenspitzen den Hochgall betrachten und bewundern kann. Auch die Vormittagssonne versäumt es nicht, im Vorbeigehen einen freundlichen Gruß zu schicken und den Berg in hellem frischen Glanz erstrahlen zu lassen.
Der Anstieg zum Almerhorn führt uns zuerst am zirbenbestockten Grenzkamm empor, bis in dunkler, waldumstellter Tiefe der Antholzer See an die Pastellmalerei eines Künstlers erinnert. Völlig gegensätzlich bahnt sich der Geröllpfad dem Ödland entgegen, das einer steinernen Wüste gleicht, seit man versucht hat, eine Skirampe den steilen Hängen aufzuzwingen. Noch vor der Bergstation des obersten Schleppliftes mühen wir uns über zwei Blockhänge empor und betreten eine schalenförmige Geländemulde, in der rostig ausfließendes Wasser schillert und noch etwas Altschnee hinter schattigen Gesteinstrümmern hockt. Auffallend ist nun die schmale Firngasse und die links davon ansteigende Markierung, bis wir knapp unterhalb der flugdachartig vorspringenden Wächte nach rechts queren. Die an der Leeseite der Jägerscharte sich bildende Wächte verleiht dem Übergang eine meist hochalpine Note und widerspenstiges Aussehen. Der abschließende kurze Blocksteig zum Gipfel läßt den in der Vorsommerzeit schwierigen Anstieg bald vergessen.
In der südlichen Bergumrahmung des Obersees erfreut sich die *Rote Wand* regen Besuches. Sie erwidert die in sie gesetzte Erwartung mit einer weitwinkelig geöffneten Fernsicht, die vom Grund des Antholzer Sees bis zum Firnsaum des Hochgalls emporsteigt und dann zum großen Alpenpanorama ausholt. Direkt beim Schlagbaum führt der markierte Steig neben vereinzelten Zirben und über angenehme Geländestufen in das Ackstaller Tal. Bei einem beschrifteten Block in der Talkrümmung wandern wir westlich dem Gipfel (Kreuz) entgegen und bereuen den kleinen Ausflug etwas außerhalb unserer Landesgrenzen nicht.

Wegverlauf in Kurzfassung
Die Staller Sattelstraße (8 km von Erlsbach) ist vom 15. Mai bis 31. Oktober geöffnet; die Oberseehütte, 2016 m, hat die gleiche Öffnungszeit. Im Winter ist die Straße bis zur Lift- und Jausenstation im Bereich der Staller Alm, ca. 2000 m, geräumt. Der Staller Sattel, 2052 m, ein Grenzübergang nach Südtirol, ist täglich von 8 bis 20.15 Uhr im Sommer für Pkw passierbar; Überfahrt nach Südtirol jeweils 15 Minuten nach jeder vollen Stunde.
Von den Gipfeln am meisten geschätzt ist das Almerhorn, 2986 m, 3 Std., mit fallweise schwieriger Passage im Bereich der Jägerscharte, 2939 m, hauptsächlich in der Vorsommerzeit.
Bereits auf Südtiroler Boden erhebt sich die unschwierig ersteigbare Rote Wand, 2818 m, 3 Std. Grenzberge sind die Innerrodelkunke, 2729 m, und der Hinterbergkofel, 2727 m, 2½ Std., die auf markiertem Steig im Weißenbachtal ersteigbar sind. Günstigste Jahreszeit: Juli bis Ende September.

Der Obersee am Staller Sattel – eine Tür in das Antholzer Tal nach Südtirol. Im Hintergrund Hoch- und Wildgall.

Das Deferegger Pfannhorn – der heimliche Herrscher von St. Jakob

41

Wer das Pfannhorn nicht erstiegen habe, sei kein richtiger Defereggen, das ist die Meinung der Talleute; jenen breitentfalteten Bergriesen, der im südwestlichen Talschluß von St. Jakob steht und grenzziehend zu Südtirol ist. Erwähnenswert ist, daß es in Osttirol vier fast namensgleiche Berge gibt, die der Übersicht wegen auseinandergehalten werden. Drei von ihnen sind Grenzberge von Südtirol, lediglich die Pfannspitze südwestlich des Villgrater Törls gilt als wirklich „einheimisch"; eine zweite Pfannspitze ragt als Hausberg südöstlich der Obstanser-See-Hütte auf und schließlich das Toblacher oder Kalksteiner Pfannhorn, das in einem Seitental Innervillgratens liegt. Die Namensgebung haben mit einiger Wahrscheinlichkeit große, schüssel- oder pfannenartige Hangbecken beeinflußt und sind dem Gedankengut der Jäger oder Hirten entsprungen. Diese haben in besonderer Weise am Defereggen Pfannhorn bestimmte Gebietsteile in ihre Abenteuer verstrickt. Der „Hirschbühel" ist der Sprache des Waidmannes zuzuordnen, der „Großboden" ist das höchste, gipfelnahe Revier des Hirten. Der Pfannhorngipfel gehört dem Wandertüchtigen, der den günstigsten, ca. dreistündigen Anstieg aus der Mitte des Staller Almtales wählen mag. Mit dem Hinweis „Zur Lappachalm" setzen wir dort über den Staller Almbach und steigen die Erlen- und Alpenrosenhänge höher. Zwischen Zirben und Lärchen gesenkt liegt der Kammsattel am Erlasboden, dessen verwachsene Sumpfstellen und kleine Rinnsale in fragloser Heiterkeit einem dunklen Moor zutreiben. Hier lohnt es sich, noch einmal ins Staller Almtal zurückzuschauen, wo der Spiegel des Obersees matt im Widerschein der Sonne liegt und das Almerhorn dem Hochgall den Vortritt verwehrt. Fast eben leitet der Steig bis zur Abzweigung vor dem „Hirschbühel" mit der ihm vorliegenden „Planklacke". Dort wendet er sich südwärts empor und muß sich zwischendurch mit roten Holzstempeln bemerkbar machen. Eine kupierte Verflachung, der sogenannte Großboden, leitet zur höheren „Schmelzgrube" an die Grenzen des Weidegebietes hinauf. Bis in den Sommer bestehende Schneeflecken tauen zu kleinen Tümpeln. Von hier aus ist der „Weg" zum Gipfel über Rasenrücken, Moränenwälle und steile Blockhalden etwas mühsam.

Wegverlauf in Kurzfassung

Der günstigste und schnellste Anstieg erfolgt aus dem Staller Almtal, ca. 1900 m (3 km vor dem Staller Sattel), über den Erlasboden, 2116 m, ¾ Std., und die Nordseite zum Pfannhorn, 2819 m, 3 Std. Mit größerem Zeitaufwand von Maria Hilf über die Lappachalm, 1910 m, zum weithin sichtbaren Gipfel mit Vermessungszeichen (Wanderstempel); Trittsicherheit im obersten Haldenbereich. Empfehlenswert als Herbsttour.

Beliebtester Dreitausender im Panargenkamm – die Seespitze

42

Der Panargenkamm ist für viele Osttiroler nicht mehr als ein weißer Fleck auf der Landkarte, unbekannt und kaum beachtet. Daß die gewaltige Gipfelkette 10 Kilometer mißt und eine selbständige Gebirgsgruppe darstellt, ist am eindrucksvollsten im Trojeralmtal wahrnehmbar und wird im folgenden Kapitel kurz umrissen. Nur sieben bekannte Erhebungen, davon fünf über der Dreitausendergrenze, weist der Panargenkamm auf, dabei krönen den Kamm mindestens dreimal so viele Spitzen, die fast gleichwertig sind und die magische Höhenquote von 3000 m überschreiten. Vielleicht sind wir froh darüber, noch ein stilles und dankbares „Arbeitsfeld" vorzufinden, wo Erkunden und Forschen noch möglich ist.

Aus der Schattenrolle der Einsamen tritt die Seespitze, St. Jakobs leichtester Dreitausender, der über den großflächigen Oberseitsee aufragt.

Von St. Jakob, dem Ortsteil Unterrotte, ist der etwas längere Zustieg gewählt, der über Bergwiesen zu den Gehöften am Innerberg und durch entlegenen steilen Wald zur Reggenalm oberhalb von Fichten und Weiden ansteigt. Arnikasterne säumen den Steig zur Frölitzalm beim Poppeletzbach, wo in Hörweite von ihm zwei wuchtige Steinsäulen zeitlos Wache halten. Der Oberseitsee liegt ein Stockwerk höher, in dessen windgekrauster Fläche wechselnde Farben spiegeln; helles Eisblau und Smaragdgrün, das in undurchdringliches Dunkel der Seemitte taucht. Der Steig umläuft den See links, auf eine Blockschulter hinauf und dem Südgrat zu, wo eine kurze seilverspannte Felsplatte überschritten wird, ehe der Gipfel in 15 Minuten uns gehört.

Wegverlauf in Kurzfassung

Zwei verschiedene Ausgangspunkte, beide in landschaftliche Schönheit führend, bieten sich zur Seespitze an.

Von St. Jakob, $4\frac{1}{2}$–5 Std.: Über den Weiler Innerberg, 1712 m, $\frac{1}{2}$–$\frac{3}{4}$ Std., und auf steilem Waldsteig zur Reggenalm, 2248 m, $2\frac{1}{2}$ Std. Oberhalb der Frölitzalm zum Oberseitsee, 2576 m, 1 Std., und am Südgrat zum Gipfel (Wanderstempel).

Von Erlsbach (letzter Talort, Gasthof Alpenrose) 4–$4\frac{1}{2}$ Std.: Geradlinig zur Erlsbacher Alm, 2189 m, empor, 2 Std. Entweder mit etwas Umweg auf markiertem Steig zur Frölitzalm, $\frac{3}{4}$ Std., und über den Oberseitsee zum Gipfel; oder ab der Erlsbacher Alm rechts des Erlsbaches bis zu den Alplesseen, 2752 m, $1\frac{1}{2}$ Std., ansteigen und von dort ebenso unschwierig am Südgrat auf die Seespitze. Sehr sonnig. Gute Jahreszeit: Ende Juni bis Mitte Oktober.

← Noch bevor wir St. Leonhard, später St. Jakob, erreichen, grüßt aus dem Talschluß der Hochgall.

→ Ein Sommergewitter zieht über die Seespitze hinweg und raubt den Alplesseen ihr stilles Leuchten.

Im Trojeralmtal – Der Felsmantel des Panargenkammes

43

Eine Reihe von Mühlen, alt und mit den Jahren bis ins Herz gebrochen, säumen Weg und Bach im Trojeralmtal, wo in der verbreiterten Talsohle das Vordere Trojeralmdorf einsam liegt. Unter den niedrigen Dächern der gut erhaltenen Hütten hausen im Sommer die Hirten, die jeden Stein im Umkreis kennen und von der großen Welt nichts wissen wollen. Einige Hütten sind baufällig geworden, gepeinigt von der Last der Jahre und vom Winterschnee, der ein leichtes Spiel hat. Die Wehmut oder ein Windstoß drücken an das schwere Türblatt, an die getrockneten Schindeln, die dann wie im Fieber beben.
Der Weg zur Hinteren Trojeralm, die etwas höher auf einer Hangnase steht, ist noch befahrbar, doch hält ein am Taleingang errichteter Schranken den Autoverkehr in erträglichen Grenzen. Als Flankensteig setzt nun der Anstieg fort, der zwischen mattglänzenden Zirben und hoch über der Talsohle in Richtung Neue Reichenberger Hütte leitet. Das Sohlenstück ab der Hinteren Trojeralm führt in einer höheren Trasse, ist breit ausgerundet und vom jungen Trojeralmbach durchzogen, der sich zwischen wurzellosem Moos in gewundene Arme teilt, in graziöse Mäander verästelt und Tümpel bildet, die wie dunkle fragende Augen sind. Uns in gewaltiger Aufmachung gegenüber erhebt sich gut 1000 Meter hoch der stattliche Panargenkamm; eine ungeheure steinerne Fassade, die bis zum Rottermanntörl reicht und mit der Kammstirn sowie interessanten, geologischen Besonderheiten auf die Rottermannberge der südlichen Venedigergruppe auffährt. Der Panargenkamm, mit dem Keeseck als höchster Erhebung, ist das Prunkstück der Reichenberger Hütte am Bödensee, die 1983 sehr zum Vorteil vergrößert worden ist. Auf Rufweite steht sie von der Bachlenke entfernt, die als sanfter Übergang zwischen Kamm und Schrofen das Defereggen- mit dem Virgental verbindet.
Die Ehrentafel etwas innerhalb des Taleinganges gedenkt eines Vorkämpfers der alpinen Erschließung, auch ein Höhenweg trägt seinen Namen. Der *Rudolf-Kauschka-Weg* zweigt deutlich vor der Vorderen Trojeralm rechts ab und sucht in beharrlicher Entschlossenheit die Nähe der Zirben, die in dichten Verbänden den Sonnseithang schmücken. Beim ersten kräftigen Bach erfährt der Weg eine interessante Bereicherung, wenn uns ein steigloser Abstecher zu den Knappengruben nicht unnütz scheint. Eine Blockhalde ist anzusteigen, über große grauhäutige Steine mit weißen Quarzeinschlüssen. Herbstgerötete Zwergsträucher bedrängen den torfigen Boden. Nach etwa 30 Minuten betreten wir die schwefelgelben Abraumhalden und die im Fels versiegenden Stollen, die finster, unheimlich und gefährlich anmuten. Fragmente ehemaliger steinerner Knappenhäuser ragen mahnend in unsere Zeit, in der immer besessener nach den Schätzen der Erde gefahndet wird.
Nach diesem Abstecher folgen wir dem Rudolf-Kauschka-Weg zur alleinstehenden Durfelderalm auf schwach geneigter Hangterrasse, die sehr liebevoll betreut wird. Noch vor der Neuen Reichenberger Hütte erreichen wir den Hauptweg und wenige Minuten später das sandige Ufer des Bödensees, der an heißen Tagen an Strand und Meer erinnert.
Die Gösleswand kann leicht noch am selben Tag besucht werden, wenn die goldenen Farben des Nachmittags bereits an den nahenden Abend erinnern. Die sinkende Sonne kann eine sonst alltägliche Bergszene zu unauslöschlichen Stimmungsbildern wandeln. Am Nordufer des Bödensees wandern wir auf roter Erde zur Roten Lenke und nützen den Kehrensteig in der steilen Rasenflanke. Beim Steinmann am höchsten Punkt liegt das Buch, in dem auch wir den Namen zwischen feuchte Blätter kritzeln.

Wegverlauf in Kurzfassung

Bis zur Hinteren Trojeralm, 1916 m, 1½ Std., führt ein breiter Weg (Schranken). Ein Flankenpfad durchmißt die Zirbenhänge und erreicht im Angesicht des felshohen Panargenkammes die Neue Reichenberger Hütte am Bödensee, 2586 m.
Der Rudolf-Kauschka-Höhenweg, 3–3½ Std., zweigt vor der Vorderen Trojeralm, 1864 m (Holzhütte, Wegtafeln), rechtshaltend vom Hauptweg ab und quert den großen Talhang, im Schnitt 300 m höher, zur Durfelderalm, 2295 m, und verbindet knapp vor der Neuen Reichenberger Hütte mit dem Hauptzugang. Familienfreundliche Wanderung. (Forststraße seit 1985 zur Durfelderalm.)
Die Gösleswand, 2912 m, 1¼–1½ Std., gilt als meistbesuchter Gipfel und Aussichtsberg, er ist über die Rote Lenke, 2794 m, ¾ Std., und auf abschließendem Flankensteig in ½ Std. unschwierig zu meistern; Gipfelsteinmann, Wanderstempel.
Beste Jahreszeit: Juni bis September.

Sommer und Sonne haben im Trojeralmtal ein glückliches Zuhause.

Der Hochgall – Herr im Defereggental

44

Der ins Defereggental Anreisende wird eine erste flüchtige Bekanntschaft mit dem Hochgall schon im Feld, einem Ortsteil von Bruggen, machen. Mit silbrig schimmerndem Firngrat reckt sich der stolze Berg über den verscharteten Rücken der Almer Säulen, westalpine Ausmaße kündend. Viele Menschen zieht er in seinen Bann, obwohl kein leichter Anstieg auf seinen scharfgeschnittenen Gipfel führt. Die gute Zeit für den Sonntagsbergsteiger fällt in die erste Sommerhälfte, denn später wachsen die Schwierigkeiten durch widrige Verhältnisse: mit Blankeis in der Hochgallrinne und am Grat wird uns der Bergriese abweisend seine kalte Schulter zeigen. Nach Gewitterstürmen sind die mit Eis glasierten Felsen in der Einschartung zwischen Wintergipfel und höchstem Felsfirst äußerst gefahrvoll. 450 Meter bricht hier der steil geschichtete Fels in die Nordwand und auf den stark verspalteten Ferner ab und ist leider schon einigen jungen Bergsteigern zum Verhängnis geworden. Die Nachricht vom tödlichen Absturz des Lienzers Peter Klaunzer am 13. August 1978 hat seine Freunde tief getroffen und für einige Zeit verlor der Hochgall all seinen Glanz. Da half das stille Leuchten nicht, das die erwachende Sonne auf das Patscher Kees hinunterstreut, und vergeudet schienen die hellen Firnlichter am hohen Grat. Erst nach längerer Zeit sind wir wieder gekommen und im sonngetränkten Firn die Rinne hinaufgestapft, haben das Spiel des Windes bestaunt, der Wächten mit vorspringenden Giebeln baut und dem Hochgall die Schönheit jugendlicher Jahre schenkt. So ist der Entschluß, ein Kreuz auf seinen höchsten Fels zu tragen, zu begrüßen und erlaubt, dieses Kapitel dem verlorenen Freund zu widmen.

Wir verlegen den Beginn der Hochgalltour auf die Patscher Alm, zurück ans samtgrün überzogene Ufer des Schwarzachflusses. Der Weg führt über die Brücke und in einer weitausholenden Schleife in das Patscher Tal. Zwischen Lärchen und Blöcken eines Felssturzes erreichen wir das flache Sohlenstück in der Talmitte und werden vom Hochgall und der ihm vorstehenden Barmer Spitze begrüßt. Nach insgesamt einer Gehstunde umrauscht der Patscher Bach die Station der Materialseilbahn, an der vorbei sich der Weg in den von Granitblöcken übersäten Talschluß windet. Er erklimmt die Felsstufe zur Ruine der Alten Barmer Hütte, die, um 1900 auf unsicherem Platz erbaut, von einer Lawine ins Tal geschleudert worden ist. Zwischen Stein und Steig kann man noch heute wertloses Gut der alten Hütte finden; faulende Balken, rostende Herdteile und eine vom Sand zerfressene Tafel mit optimistischen Inschriften aus den Gründungstagen.

Die Neue Barmer Hütte steht 20 Minuten höher und ist über frisch gebrochene Granitwürfel und Altschnee zugänglich.

Der Hochgall, ein faszinierender Alpengipfel, ist bereits 1868 von der Westseite aus dem heutigen Raintal erstiegen worden, während ein Gipfelerfolg aus dem Patscher Tal erst 22 Jahre später beschieden war. Auf mürben Schichtgesteinen fußend, ist der Hochgall aus reinem Granit geschaffen, aus körnigem, helleuchtendem Tiefengestein, das er weit in die Täler schüttet. Über den kantigen Bruchstücken glänzt mit spaltig aufgerissener Mitte das Patscher Kees mit beiderseits möglichem Anstieg. Die fallweise klaffende Randkluft überwinden wir an ihrer Schwachstelle und in der schlank emporziehenden Hochgallrinne wünschen wir uns trittfähigen Firn. Auch die italienische Staatsgrenze verläuft durch die Rinne, die sich oben trichterförmig weitet und mit einem fotogenen Wächtengrat bis zur Schneekuppe des Wintergipfels reicht. Der höchste Punkt ist auf schmalem, mit Eisstäben versehenen Felsgrat und bei erregendem Tiefblick zu bewältigen, wobei eine kurze, etwas schwierige Felsstelle im Abstieg zur Einschartung Vorsicht verlangt.

Wegverlauf in Kurzfassung

Beim Patscher Haus (Alm), 1675 m (Mautstraße ab Erlsbach), steigt der Zugang schwungvoll in das Patscher Tal an. (Materialseilbahn in der Talmitte, Zugang schlecht befahrbar.) Zur Neuen Barmer Hütte, 2610 m, $2\frac{1}{2}$–3 Std., Anstieg zum Hochgall, 3436 m, über das Patscher Kees (Vorsicht Spalten) und durch die Hochgallrinne (250 Höhenmeter, italienischer Grenzverlauf). Bei Vereisung im Herbst schwierig, Steinschlaggefahr. Herrlicher Wächtengrat zum Wintergipfel und Ende des Firngrates. Der höchste Felspunkt (Metallplastik) ist durch eine markante Felsscharte getrennt; teils mit Eisenstiften versichert. Bei Vereisung oder Schnee höchste Vorsicht. Unbedingt Seilgebrauch! Nur für Geübte!

Der zum Teil verdeckte Hochgall beherrscht das Patscher Tal und zählt jährlich regen Besuch. Auf einem Kammscheitel zuvor die Barmer Hütte.

Die Jagdhausalm im inneren Defereggental – Wo die Jahre still vergehen

45

Die Almen von Unter- und Obersee-bach, so auch die urtümlich wirkende, aus 16 Einzelgebäuden bestehende Jagdhausalm, werden heute noch von Südtiroler Bauern aus Sand in Taufers oder dem Raintal bewirtschaftet. Sie bleiben Eigentümer der Almen, wenn diese auch seit relativ kurzer Zeit Teil des Gemeindegebietes St. Jakobs sind. Der Name Jagdhaus entstammt von „Jochhaus" nach dem im Nahbereich gelegenen Klammljoch. Über diesen westlichsten Grenzübergang werden jährlich bis zu 400 Stück Vieh zur Jagdhausalm getrieben, die alle bei längerem Schneefall oder Futtermangel im Oktober in den schummrigen Ställen der steinernen Hütten Platz finden. Da bedarf es eines jederzeit verfügbaren Heuvorrats, der auf der tiefgrünen, streng parzellierten Hangterrasse oberhalb der Bachschlucht „herangedüngt" wird oder hoch aus den Almhängen des Hörnle stammt, wo gewichtige Heubündel bis zu 400 Höhenmeter auf den Schultern hinuntergetragen werden. Im südtirolischen Schloß Taufers ist aktenkundig, daß bereits im 13. Jahrhundert einige Schwaighöfe ganzjährig auf dieser 2000 m hoch liegenden Alm bewohnt waren; anspruchslosen Sennen auf der Jagdhausalm ist rätselhaft, wie man, tief eingeschneit, mit dem endlosen Winter fertig werden konnte. Wie lange die Dauersiedlung währte, ist ungewiß. Sicher scheint, daß im 16. Jahrhundert die Alm nur wenig Wohnstätten aufwies und die rohen, mit Steinplatten gedeckten niedrigen Bauten hauptsächlich das Vieh beherbergten. Erst um 1930 ist der Ausbau der Jagdhausalm teilweise zum heutigen Stand gediehen, und was alt blieb, ist arg vom Verfall bedroht. Im Obergeschoß mit winzigen Fenstern und offenem Feuer sind mehrheitlich eine getäfelte Kammer und ein Raum für allerlei Hausrat untergebracht. Im Zentrum der Alm steht die Maria-Hilf-Kapelle, die 1840/41 etwas erweitert worden ist. Von ehemals 16 Familien ist der Sennbetrieb auf insgesamt 10 Personen geschrumpft, auf die sich das karge Leben und die Arbeit verteilt, die wie vor Jahrhunderten hart geblieben ist; hart, wie das Brot, das ein älterer Bauer mit der „Grammel" zu Stücken bricht, die er uns anbietet. Einige essen davon, andere versuchen es, dann nehmen wir Abschied und die Erkenntnis mit, fleißige Menschen auf einer Alm besucht zu haben, in deren scheinbar romantischem Dasein sich unverhohlen die Realität einer siebentägigen Arbeitswoche mischt.

Von Erlsbach besteht ein mautpflichtiger Weg bis zum Alpengasthof Oberhaus, wo die Ruhe- und Wanderzone die weitere Fahrmöglichkeit zur Jagdhausalm und zum Klammljoch an der Staatsgrenze zum Glück behindert. Wer von Autos und staubigem Weg nichts wissen will, entscheide sich für den versteckten Waldsteig, der ab der Staller Sattel-Brücke bei Erlsbach stets schattseitig des Schwarzachflusses taleinwärts führt. Da bleibt unvergleichbar mehr Zeit, sich auf die zauberhafte Natur einzulassen. Wir investieren einige Stunden Zeit und etwas Kraft und lassen uns im Gegenzug von einer Fülle aufmunternder Landschaftsbilder verwöhnen. Mit dem Jägersteig zwischen Fels und schnellem, blasig schäumendem Bach beginnt die Wanderung, die bald im größten, geschlossenen Zirbenpark Europas grenzenlose Freiheit atmet. Fremd, nordischen Gebirgszügen gleichend, entwächst die Totenkarspitze den harzigen Hängen, und tief im Talgrund sticht mit aufgepflanztem Bajonett die Gabelspitze in den friedfertigen Himmel. Das Patscher Haus und die Oberhausalm sind nahe am Schwarzachufer gewachsene Stationen, ehe noch vor der Unteren Seebachalm der Steig mit dem breiten Weg verschmilzt. Das weitere Bild taleinwärts bestimmen Almen und Weiden mit hohltönendem Glockengebimmel, der vertrauten Sinfonie der Berge.

Wegverlauf in Kurzfassung

Ab Erlsbach, 6 km innerhalb St. Jakobs, bieten sich zwei Möglichkeiten zur Jagdhausalm, 2000 m, an:

a) Auf dem Fahrweg (Maut) bis zum Alpengasthaus Oberhaus (Ruhe- und Wanderzone). Auf immer noch breitem Weg zur Alpe Oberhaus, 1786 m, $\frac{1}{4}$ Std., zur Unteren und Oberen Seebachalm, 1890 m, $1\frac{1}{4}$ Std., und endlich zur Jagdhausalm am Zusammenfluß von Schwarzach und Arvenbach.

b) Ein Waldsteig (markiert, genügend Hinweisschilder), $3\frac{1}{4}$ Std., führt ab Erlsbach schattseitig der Schwarzach taleinwärts, vorbei an den Stationen Patsch, 1675 m, Alpe Oberhaus, 1785 m, bis vor die Untere Seebachalm. Dort vereinen sich Steig und breiter Weg. Noch verbirgt sich die Jagdhausalm hinter dem Kammfuß der Fleischbachspitze und überrascht uns mit 16 Steinbauten. Zum Klammljoch, 2298 m, trennen noch 1–$1\frac{1}{4}$ Std.

Günstigste Jahreszeit: Ende Mai bis Ende Oktober.

Die Jagdhausalm im inneren Defereggental zählt zu den ältesten in Osttirol und liegt an der Schwelle zum Klammljoch.

Die Reimmichlgemeinde St. Veit – Speikboden – Gritzer Seen

46

Im Weiler Inneregg in der Gemeinde St. Veit steht Reimmichls Vaterhaus. Der Pfarrer von Tirol, Monsignore Sebastian Rieger, war ein Volksdichter von ausgeprägtem, unnachahmlichem Naturtalent. Volksverbunden, von Heimatliebe beseelt, überquellend von humorvollen Einfällen und von seltener Gemütstiefe, schrieb er mehr als 200 Erzählungen und Romane, die zunächst von „Bötl-" und Kalenderlesern mit Begeisterung aufgenommen wurden, ehe sie in Buchform erschienen. Reimmichls schriftstellerische Geburtsstunde schlug in Sexten, der das Priesterseminar im Vinzentinum in Brixen und Seelsorgstationen in Stilfes bei Sterzing, Sexten, Dölsach und Sand in Taufers vorangegangen waren. 40 Jahre seines Lebens – die schöpferisch reichste Zeit – verlebte Reimmichl als Kaplan in Heiligenkreuz bei Hall, ohne auch nur einen Augenblick seine geliebte Heimatgemeinde aus den Augen zu verlieren.
„Mei Liab is Tirol, is mei Weh und mei Wohl."
In vielen seiner Gedichte, inspiriert durch seine Eltern und die langjährige Hüterzeit auf heimischen Almen, kommen Quellen ans Licht, die in gefühlvoller Weise das Leben und Sterben, Leib und Leid auszudrücken vermögen. Das Geheimnis seines Wirkens lag in der Persönlichkeit. Was Reimmichl in den Erzählungen und religiösen Betrachtungen weitergab, strömte aus einem tiefgläubigen Herzen: er lebte, was er schrieb.
St. Veit, die älteste Siedlung und Österreichs höchstgelegener Erholungsort, genießt die sonnige Hanglage. Fast zwei Stunden muß man aus der Ortsmitte nach Osten oder Westen gehen, um an die Grenzsteine der Gemeinde zu gelangen. Die 250 Höhenmeter aus dem Defereggental nach St. Veit überbrücken zwei sich fest an den Berg schmiegende Straßen, wovon die 1982 erbaute und eingeweihte den Namen des unvergessenen Heimatdichters trägt.
Auf das Dach des Lasörlingkammes führen zwei Bergwanderungen, die sanfte Seenlandschaften und freundliche Sommergipfel aufspüren. Auf halbem Weg liegt am Waldsaum, im auflichtenden Revier von Fichten und Lärchen die Speikbodenhütte, eine eben erst fertiggestellte Jausenstation. Ab der Pfarrkirche St. Vitus kann durch die Auffahrt eine Gehstunde gespart werden, wobei auf Wegabzweigungen zu achten ist. Noch vor der Speikbodenhütte führt linker Hand ein kurzer Stichweg zur Gritzer Alm, während der längere Wegast auf den Bergwiesen der Zischkealm ausläuft. Dort führen ein Steig und eine Markierung über sonnenhelle Berghänge empor zu einem grasumrandeten Tümpel und einem nach vorn gebeugten Wetterkreuz, das mit den Jahren rissig und alt geworden ist. Es vermag viel zu erzählen von seiner, von Tälern losgelösten Welt, für die die Menschen heute immer weniger Verständnis haben. Wohl auch deshalb, weil sie ihr Dasein in der brennenden Eile des Alltags stets an die Wichtigkeit ihrer Erfolge hängen.
Das Kreuz am *Speikboden* empfängt uns 200 Meter höher, es ist neu und muß sich an das großartige Bergpanorama erst gewöhnen, in dem der Lasörling sich aus graugrünen Karen erhebt, hochragend und formschön gewachsen.
Zu den *Gritzer Seen* führt die erwähnte Forststraße bis zur Gritzer Alm mit teils erneuerten Hütten und vorstehendem Almkreuz. Erwähnt sei der Verbindungssteig zur Zischkealm bzw. Speikbodenhütte. Anklang findet die neue, mit Nationalparkmitteln geförderte Steiganlage zu den Gritzer Seen mit herrlichen Aussichtskanzeln. Der Abstieg von den Seen sei zur Frölitzalm empfohlen, durch steilen Wald hinunter in den St. Veiter Ortsteil Gassen, von dort verbindet ein Steig, später ein Weg mit St. Veit.

Wegverlauf in Kurzfassung
Zwei asphaltierte Bergstraßen zweigen von der Defereggér Talstraße in die sonnige Hangsiedlung St. Veit ab (2 km).
St. Veit ist Ausgangspunkt einer Wanderung zur Speikbodenhütte (Jausenstation), ca. 2086 m, und auf den Speikboden (Kreuz), 2660 m, 3 Std. (von der Zischkealm 1½ Std.). Zum Donnerstein, 2723 m, führt in 25 Min. ein Kammsteig.
Zu den Gritzer Seen, 2504 m, folgen wir von St. Veit der Forststraße bis zur Speikbodenhütte. Von dort zur Gritzer Alm, 2001 m, oder direkt in 2–2½ Std. zu den Gritzer Seen. Der Abstieg kann der Abwechslung halber zur Frölitzalm erfolgen, 2170 m, 1¼ Std., markiert, und in 1½ Std. nach Gassen. Zurück nach St. Veit, 1 Std., oder hinab nach Feld, ½ Std. Sonnige Bergwanderungen, günstig ab Ende Mai bis Oktober.

St. Veit auf sonnenreichem Hang war die Heimat des Dichters Reimmichl. Hier verherrlichte er das Land, das ein Kleinod unserer Zeit geblieben ist. Im Hintergrund die Langschneid.

Über den „Fenstersteig" zum Geigensee im Zwenewaldtal

47

Wo der Regenstein und das Hocheck sich mit felsigem Rücken aneinander reiben, liegt, in ein eigenwilliges Blockbecken gefüllt, der Geigensee. Man muß im Rasengehänge des Hochecks ein Stück emporsteigen, dann erst wird die einem Streichinstrument ähnelnde Seeform anschaulich. Der westliche Teil des Geigensees läßt sich auf grünen durchfeuchteten Riegeln halb umrunden. Dabei zeigt sich der See einmal samtig blau, dann mit Silber übergossen. Glatt, wenn der Wind den Atem anhält, und mit schmatzenden Wellen, wenn er auf ihnen ans andere Ufer streicht, ein ewig wechselndes Lichtspiel. Wo Licht und ein wenig Wärme ist, erblühen stengellose Zwergprimeln, das rosenrote Habmichlieb, das um Liebe nicht werben muß. Reglos und fern über das Ufer und in den hohen Norden gestellt, zeigen sich die im flutenden Eisglanz ertrinkenden Berge am Alpenhauptkamm.

Bei der überdachten Blosbrücke in Hopfgarten führt der zwischen alten Stützmauern und gefiedertem Farn vertiefte Hohlweg kehrenreich die hohe Waldstufe hinauf. Fast zwei Stunden wandern wir unter Nadelbäumen, die mit schattenspendendem Geflecht gegen das durchsickernde Sommerlicht zusammenhuschen. Erst wo der Weg eben verläuft, wo ein Seitenast zur Gaggenalm, ein anderer über den Bach zur Zirbenalm abzweigt, durchstreifen den Wald helle Lichtrinnen und Vorboten der näherrückenden Zwenewaldalm. Im Talschluß, der kleine Bachstau für das Hopfgartner E-Werk ist bereits passiert, verzweigt erneut der Weg. Die Bloshütte steht etwas auf den westlichen Berghang gehoben, wo in verspielter Kleinheit prallgefüllte Heuhütten auf steilen Lehnen aufgehangen scheinen. Für uns ist der Zwenewaldbach wegbestimmend, der in den schroffen Nordflanken des Regensteins entspringt; diese Namenseingebung ist unklar und läßt gewiß nicht auf überdurchschnittliche Regenfälle schließen. Der schnell durchlebten Kindheit des Baches ist auf den zwei großen Talstufen keine Ruhezeit gegönnt und noch im hastenden Lauf durch das Erlendikkicht hin zur Zwenewaldalm kann von Rasten keine Rede sein. Zur Linken des ersten Wasserfalles, ein Schleier aus tanzenden Perlen, erklimmt der sog. Fenstersteig die Felsstufe. Ein flacher, mit Kratzdisteln und blauem Eisenhut übervölkerter Bergtrog trennt von der erwähnten höheren Stufe, auf deren Kamm bereits das Uferkreuz sich vom blanken Himmel abhebt. Bevor wir die letzten Schritte zum Geigensee lenken, zweigt eine Markierung nach rechts zum halbstündig entfernten Pumpersee ab, der schwarzblau getönt in einer runden tiefen Blockschale ruht. Da haben einmal junge Leute den Saiblingen beim Abfluß nachgestellt, der als dünne Wasserschnur über gescheuerte Felsen sprüht. Doch die „Gebirgslachse" sind scheu, wenden rasch und ziehen geschmeidige Kreise. Nur einmal konnte man kurz das Blut zwischen den gespreizten Kiemen sehen.

Beim Geigensee ist die große Etappe unserer Bergwanderung erreicht. Es ist ein stimmungsvoller Platz, den letztmals ein aus der Wassermitte steigender farbprächtiger Regenbogen verzauberte, eine gleißende Brücke ins Licht, das unsere kalten Kunstlichtwelten um vieles überstrahlt. Ein Kammkreuz steht am Ufer und, seit kurzem neu, die Glaurithütte; klein und stets versperrt ist sie als Unterkunft bei Gewitter nicht benützbar.

Der Regenstein erhebt sich mit lose hingestreuten Halden südwestlich und ist auf unschwierigem markierten Pfad ersteigbar. Nicht viel mehr als eine Stunde benötigen wir auf den Gipfel, der gegenüber in das südlich ausgreifende Winkeltal angrenzt und sich im Bunde der rauhen Arnhörner, der behäbigen Hochgrabe und dem ebenmäßigen Degenhorn einen Platz an der Sonne ausgesucht hat.

Wegverlauf in Kurzfassung

Bei der überdachten Blosbrücke in Hopfgarten, 1107 m, führt ein Forstweg (Fahrerlaubnis einholen) über die fast 400 m hohe Waldstufe in das Zwenewaldtal. Zuerst zweigt ein breiter Weg zur Gaggenalm ab, 1½ Std., später ein Steig über den Bach zur Zirbenalm hinauf, 1½ Std. Wir bleiben am Hauptweg bis zur Zwenewaldalm, 1684 m, 3 Std. (ohne Pkw-Benützung). Die Bloshütte, 1800 m, befindet sich westlich am Hang (Jausenstation mit Nächtigungsmöglichkeit), während eine Privathütte direkt beim Zwenewaldbach steht. Mit 3 Std. ist der „Fenstersteig" zum Geigensee, 2409 m, angegeben. Zwei große Talstufen gestalten den Zugang reizvoll und die Fernsicht bis zum Alpenhauptkamm überwältigend. Die Glaurithütte ist verschlossen, der Regenstein, 2891 m, markiert, 1¼ Std. entfernt.

Beste Jahreszeit: Juli bis September.

In verspielter Heiterkeit erfreut sich der Geigensee hochrangiger Zaungäste aus der Garde weißer Venedigerberge.

Altes Schloßgemäuer und Dolomitenberge im Pustertal

Der Eingang ins Osttiroler Pustertal ist so schmal, daß neben der Drau nur noch die Bundesstraße und die 1871 eröffnete Bahn Platz finden; eine Engstelle, die der Lienzer Klause ehemals viel Verteidigungskraft verlieh. Man sieht ihr das Alter und den Sturm mehrerer Belastungsproben an.
Die erste größere Ortschaft ist Thal mit einem sehenswerten Wildpark in Aßling, es folgen die Straßensiedlungen Mittewald und Abfaltersbach. Die Straße erreicht mit einigen Kurven die Heisinger Höhe, die durch einen alten gewaltigen Bergsturz entstanden ist und einen guten Überblick ins Pustertal gewährt. Spätestens jetzt fallen die zahlreichen Kirchen und Kapellen auf, die mit Ausnahme von Abfaltersbach auf den sonnseitigen Hangkegeln stehen. Die Durchgangsstraße schneidet die grünen Anger von Strassen, „das Dörfl an der Straße", südlich ab und stiehlt sich förmlich an der alten „Bergwerkssiedlung" vorbei nach Tassenbach, wo von Süden das Tiroler Gailtal über eine landschaftlich reizvolle Talstufe zumündet.
Die Mündung des Villgratentales mit den Gemeinden Außer- und Innervillgraten liegt der des Tiroler Gailtales ungefähr gegenüber. Das Schloß Heinfels bewacht die Zufahrt in das Villgratental und umfassende Ringmauern und mehrere Wehrtürme verleihen dem Schloß ein renaissanceartiges Gepräge. 1240 erstmals urkundlich erwähnt, war es den Görzer Grafen ein wichtiger Stützpunkt im Hochpustertal und erduldete nach deren Aussterben um 1500 ein wechselvolles Schicksal, ehe es 1783 dem Staat, später den Gemeinden anheimfiel.
Am Fuße des Burghügels vermittelt eine überdachte Holzbrücke hohe Zimmermannskunst aus dem 17. Jahrhundert.
In Sillian-Markt sind wir in der letzten großen Ortschaft angelangt, und das Fluidum der nahen Staatsgrenze ist im verkehrsgeographischen Mittelpunkt des Osttiroler „Oberlandes" spürbar, das auch Zentrum in kirchlicher Hinsicht ist. Arnbach liegt nur mehr 2 Kilometer vor dem „Übertritt" nach Südtirol, bereits ca. 30 Kilometer von Lienz entfernt, und erlangte frühe Bekanntschaft durch das Bad Weitlanbrunn, das derzeit leider völlig verwahrlost ist.

Die Pustertaler Höhenstraße mit imposantem Dolomitenblick führt ca. 300 Meter über der Talsohle auf sonnigen Hangterrassen entlang. Sie verläßt bei Leisach den Talboden, leitet nach Bannberg, wo ein Seitenast auf den Hochstein abzweigt, und verschmilzt erst wieder bei Abfaltersbach mit der Bundesstraße. Der kurze Westteil der Höhenstraße reicht bis Panzendorf.
Der Pustertaler Radweg wurde 1983 eröffnet und führt derzeit etwa 10 km und schattseitig der Drau von Amlach bis Thal und soll bis zur Staatsgrenze ausgebaut werden. Das Pustertal wird durch das Drau-Kraftwerk verändert werden, das mit der Stollenumleitung des Wassers den Fischen ein karges Leben und vielleicht den jährlich stattfindenden Wildwassertagen der Kanuten das Ende bescheren wird.

Den uralten Dorfkern von Anras berührt die Pustertaler Höhenstraße, die Sonne und Aussicht verspricht. In den Frieden der Ortschaft schaut der Spitzenstein aus dem Westkamm der Lienzer Dolomiten.

Durch das Kristeiner Tal – Der Sichlsee im Schatten der Arnhörner

48

Wo der Kristeiner Bach die Ortschaft Mittewald durchschneidet, führt uns die Wanderung in das bergumstellte Kristeiner Tal mit friedlichen Almen, verträumten Hütten und zum Celarwasserfall, der stäubend in wiegende Lärchenwipfel taucht.
Wo das Tal sich mit der sanft gerundeten Königswiese schmückt und schließlich endet, ragen die wuchtigen Arnhörner auf, in deren auslaufenden, weitgeworfenen Halden sich der Sichlsee krümmt. Deutlich ist die Form einer Sichel erkennbar. Nichts wächst und reift am Ufer, sieht man vom sperrigen Steinbrech ab, der sich mit dachig beblätterten Stämmchen in die Klüfte und Spalten plumper Gesteinstrümmer zurückgezogen hat.
Daß Romantik und Liebreiz im Kristeiner Tal gelegentlich auch von finsteren Mächten heimgesucht werden, erlebten die Talbewohner in den Hochwasserjahren 1965/66. Erde und Schlamm trieben mit den Bächen die Berghänge hinab und an Tod und Verderben erinnert ein am Straßenrand zwischen Jungföhren und Wildrosen hell hervortretender Gedenkstein. Auch der späte Winter hat dem höchstgelegenen Hofmanngehöft mit Lawinen gedroht und in böser Absicht an Tür und Fenstern gerüttelt.
Bis zu diesem Hof ist das Kristeiner Tal gut befahrbar. Während die asphaltierte Straße rechtshaltend in den Ortsteil Vergein weiterführt, verläuft der zaungesäumte Weg taleinwärts und endet im Bereich des Celarwasserfalles. Nur noch ein steiniger Pfad führt auf eine Trogstufe, wo der unermüdliche Bach eine klaffende Kerbe in den felsigen Leib der Erde nagt. Ein wenig verloren scheinen die Almhütten und ein Kreuz, das an einem Felsbrocken im Schatten der Nachmittagssonne lehnt. Über die glattgekämmten Königswiesen wandern wir weiter, die mit saftigem Grün ein bevorzugter Sommeraufenthalt für blondmähnige Haflingerpferde sind und einigen Steinmännern Platz bieten, die verstreut und ratlos stehen, zieht doch der markierte Steig abseits von ihnen im einfärbigen Grau des Ödlandes zum Sichlsee.

Wegverlauf in Kurzfassung
Ausgangspunkt ist Mittewald, 885 m. Die asphaltierte Straße reicht bis zum obersten Hofmanngehöft, 1394 m. Rechts des Baches führt der Weg taleinwärts zu sonnigen Almen und hohen Bergen. Schmuckstück sind die Arnhörner, 2800 m, und die Königswiesen etwa ½ Std. vor dem Sichlsee, 2497 m, 3½ Std.
Kinderfreundliche Bergwanderung: Anfang Juni bis Mitte Oktober.

Mit landschaftlichen Kostbarkeiten entlohnt das Kristeiner Tal unseren Besuch.

Ascher Seen und Anraser See über den Sonnenwäldern des Pustertales

49

Über dem Talort Abfaltersbach liegt auf einer mittelgebirgsartigen Terrasse Anras. An der Pustertaler Höhenstraße gelegen, ist Anras ein auch an Kultur bedeutender Ort mit landschaftlichen und klimatischen Vorzügen. Das Zentrum beherrscht die Pfarrkirche St. Stefan aus dem Jahre 1753; sehenswert sind die bemalte Fassade sowie die Tür- und Fensterumrahmungen. Dicht daneben und im Äußeren ähnlich großräumig gestaltet steht das düster wirkende mittelalterliche Pfleghaus, das teilweise auf dem Gemäuer der alten Pfarrkirche erbaut ist. Im Wert schwer meßbar eine stilvolle Zirbenstube im 1. Stock. An der Rückseite des Pfleghauses stellt einer der wenigen Kornkästen mit Rundbogeneingang eine Rarität dar. Vor dem Haus entlaubt in herbstlichen Tagen eine alte „Gerichtslinde".
Ein Bündel von kleinen Ortschaften und Fraktionen wie Kobrail, Vidraul usw. prägen den Gemeindeverband, den der Anraser bzw. Mühlbach trennt und die Ortsteile Asch und Goll auf die Westseite scheidet. Diese „Grenzziehung" beeinflußt auch die Seen im Südgehänge des Gumriaul; so sind der Ascher-, der Lette- oder Grüne See vorteilhafter von Goll aus zugänglich. Ein Forstweg ist etwa 2 Stunden bis zu den Ascher Almen nützlich, dort führt eine blau-gelbe Markierung zu den verstreuten Seen, denen das Kreuz am Gumriaul die letzten Funken der Sonne schickt.
Zum *Anraser See* leitet ein Fahrweg von Anras zu den obersten Höfen auf Raut und ein Forstweg etwa einen Kilometer in dem mit Baumbart verfilzten Anraser Wald empor. Ab einer Rastbank vertrauen wir einer rotweißen Markierung bis in die Lärchenwiesen hinauf. In der baumfreien Zone wird der Steig dürftig und erreicht in den faltigen Hängen des Finsterkofels eine kleine Hangverebnung mit steingebauter Hütte, in der Kälber und Ziegen das Hausrecht haben. Westlich der unbehüteten Wiese steigen wir kurz zu einer verlandeten Bachquelle hinab und dann geradlinig zum Anraser See hinauf.

Wegverlauf in Kurzfassung
4 km oberhalb von Abfaltersbach liegt Anras an der Pustertaler Höhenstraße. Der Mühlbach trennt den aus mehreren Orten bestehenden Gemeindeverband. Von Goll, westlich des Baches, sind die Ascher Seen, 2578 m, in 2½–3 Std., lohnend, von Anras direkt ist der Anraser See, 2538 m, in 2½–3 Std. zugänglich. Zur Hälfte dienen Forstwege, im Almenbereich markierte Steige.
Sehr sonnige Sommer- und Herbstwanderungen.

Das Schloß Heinfels dominiert im Hochpustertal und bewacht den Eingang ins „Villgraten".

Bergfahrt ins Gamsbachtal zum Feuer am Bichl

50

Die tief in den westlichen Dolomitenkamm einschneidende Schlucht und der tosende Bach verschlossen und isolierten das Gamsbachtal mit uraltem Baumbestand und verholzten Sträuchern, die da und dort sogar in den Wänden baumeln und die seltene Felsenbirne als Frucht der Wildnis zeugen. Die Waldklippen sind reich an Gemsen und sogar prächtigen Hirschen, die auf der Waldlichtung äsen oder auf dem Schneefeld Kühlung suchen. Daß hier gelegentlich auch gewildert worden ist, währenddessen im Tal fromm die Prozession durch den Ort zog, ist geländevertrauten Waidmännern kein Geheimnis geblieben.
Die Bergfahrt in das Gamsbachtal und der „Weg" zum Feuer am Bichl müssen an die Fortgeschrittenen unter den Wanderfreunden empfohlen werden. Das mag schon beim Gamsbach spürbar sein, der bei überdurchschnittlicher Wasserführung schwierig zu überschreiten ist; jener jagende Bach, der zweimal über senkrechte Abgründe stürzt, ehe er schäumend sein rauhes Bett durchspült. Im gedämpften Licht hören wir seine zischende Stimme in tausendjährigen Wassermühlen und erschrecken fast, wenn er unvermutet mit grünen Augen aus schwarzumrandeten Tümpeln schaut.
Beim Sägewerk Theuerl in Thal dringen wir in das stark bewaldete Tal und übersetzen den Gamsbach nach rechts. Im Staudengehänge ist eine Rastbank einladend zum zierlichen Stufengefälle des Baches gerichtet. Später erfreut uns eine kühle Quelle und bald darauf eine baumbestandene „Aussichtskanzel", der ein kurzer Abstieg in die Schluchtsohle folgt. Gleich viermal muß der Gamsbach überquert werden, bis eine unüberwindliche Talenge den markierten Steig in die rechte Berglehne zwingt. Morsche Leitern helfen über eine Felsschwelle, und weiter im Talinneren ist in einer hochstämmigen Waldparzelle der Hinweis „letztes Trinkwasser" ernst zu nehmen, denn die latschen- und baumgesäumte große Sandriese zur Rechten ist trocken und stark sonnenüberstrahlt. Der Kehrensteig führt da hinauf und erreicht einen Waldrücken, das sogenannte Sattele. Von dort geht es rechts über breite Latschenköpfe zum Gipfel, den ein mit Lichtern behangenes Kreuz ziert. Die einem Dieselaggregat entzogene Energie läßt es leuchten, wenn Primizen oder ähnlich festliche Anlässe es gebieten.

Wegverlauf in Kurzfassung
Bei Thal (Aue) zweigen wir zum Sägewerk Theuerl im Mündungsgebiet des Gamsbachtales links ab. Innerhalb der ersten Gehstunde muß der Gamsbach fünfmal überquert werden. Nach insgesamt 1½–2 Std. zieht der Kehrensteig rechts die Sandrinne hinauf und über Latschenköpfe ist der Gipfel, 2001 m, ohne Schwierigkeiten zugänglich; insgesamt 3–4 Std. Gute Kondition ist erforderlich.
Beste Jahreszeit: Juli bis September.

Die Spuren alter Erzbaustätten, südlich der Blindisspitze, sind über Jahrhunderte erhalten geblieben.

Alte Knappenlöcher am Tessenberg – Verblaßter Glanz der Alpenerze

51

Mitteleuropa erlebte in der Bronzezeit einen starken Aufschwung seiner materiellen Kultur, aus dem Wissen heraus, daß Kupfer mit geringem Zusatz zu Bronze legiert den damals einzigen Werkstoff für Waffen, für Schmuck und Arbeitsgerät bildete. Dem urzeitlichen Bergmann stand zum Erzabbau nur die Feuersetzmethode zur Verfügung. Durch starke Grubenbrände wurde der Fels erhitzt und gleich darauf mit kaltem Wasser „abgeschreckt". Im dadurch rissig gewordenen Felsgefüge gelang es leichter, die Schichten herauszulösen, die in Ledersäcken und Holztrögen zutage gefördert wurden. Umfangreiche Aufbereitungsarbeiten begleiteten die Gewinnung von verhüttungswürdigen Erzen, die mit Schlögeln zu nußgroßen Stücken zerkleinert wurden, während das taube Gestein, häufig Schiefer, von Hand aus abgesondert werden mußte. Bis zur Gewinnung reinen Kupfers waren meist mehrere Schmelzgänge notwendig, die in den betroffenen Gebieten mit einem gewaltigen Raubbau der Wälder bezahlt worden sind. Im erneut vom Erzfieber erfaßten Mittelalter entstanden ungezählte Gruben im gesamten Alpenbereich und sogenannte Knappenschaften zum Schutz der Bergleute, die auf eigene Rechnung abbauten und durch Frondienste an die Bergherren gebunden waren. Mit Beginn der Neuzeit fielen Rechte und Verwaltung der Knappengruben dem Staat zu.

Die Erzschürfe in Osttirol datieren aus dem 15. Jahrhundert und sind auf giftgelben, pflanzenfeindlichen Abraumhalden gut sichtbar. Stollen bis zu 1000 Meter sind nachweisbar, ihr Betreten ist, weil inzwischen unverstützt, äußerst gefährlich. Die schönsten, lebendigsten Bilder ehemals geschäftiger Knappentätigkeit liefern die „Anlagen" südlich der Blindisspitze im Trojeralmtal, im Tögischer-Bach-Tal (Defereggental), im Glaurit (Virgental), im Frosnitztal und bei Panzendorf-Tessenberg im Pustertal. Diese knappe Auslese zeigt keineswegs die Breite und Vielzahl der im 15. Jahrhundert erblühten und bis zum 18. Jahrhundert sich haltenden Knappengruben. Im Pustertal sind Antimon und Schwefelkiesvorkommen noch während der beiden Weltkriege ausgebeutet und der Großteil der Knappengruben erst um 1900 eingerichtet worden. Der Schwerpunkt bergmännischer Tätigkeit konzentrierte sich bei Panzendorf-Tessenberg, worüber Peter Mayr aus Strassen, der selbst dabei war, folgendes zu erzählen weiß: „Mein Onkel war Viehhirte auf der Tessenberger Alm und mit dem Entsteinen der Weiden beschäftigt. Da fiel hellgraues, spaltbares Gestein durch sein besonderes Gewicht auf und bald schon prophezeite ein herbeigerufener Geologe Kupfer- und Schwefelkies in tiefverzweigten Adern des Berges. Der Stollenbau, eine Gehstunde oberhalb Tessenbergs, beschäftigte um 1900 etwa 150 Bergleute, die während des 1. Weltkrieges meistens durch russische und italienische Kriegsgefangene auf 350 aufgestockt worden sind. Weiter als 1 Kilometer führte der längste Stollen in leichter Steigung in das von Karbitlampen erhellte Berginnere, in dem Wasserzutritt das häufigste und schwierigste Problem darstellte. Das zutage geförderte Material wurde von einem gewaltigen Steinbrecher zermahlen und das spezifisch leichtere Schiefergestein vom Schwefelkies, der als Grobkies in Kornstärke vom Kristallzucker anfiel, durch Spülung befreit. Die Steinbrechmaschine mit gußeisernem, vom zugeleiteten Bach betriebenem Schwungrad war so schwer, daß es eines Zehnspanners bedurfte, das heißt 20 Pferde sich eine Woche lang abmühten, um die Maschine vom Bahnhof bis zur Erzlagerstätte am Tessenberg hinaufzubringen. Als 1982 das inzwischen zu Bruch gegangene Eisenungetüm abgebaut und abtransportiert wurde, waren hiefür kaum drei Stunden notwendig. 1909 entstand ein großes Knappenhaus in solider Holzbauweise, das mittlerweile verkauft worden ist, und erst 1915 eine Materialseilbahn. Politische Unstimmigkeiten beendeten 1950 den Bergbau Panzendorf-Tessenberg, nicht der Mangel an Erzen, die im Überfluß ein Reichtum auf Abruf sind. Würde man heute die Stollen wieder öffnen, und könnte man etwas von dem Fluidum vergangener Zeiten zurückholen – dann . . ." und jetzt lächelt verschmitzt der heute 81jährige Peter Mayr, „dann würde ich mich noch einmal um einen Arbeitsplatz bewerben."

Wegverlauf in Kurzfassung
Ausgangspunkt ist Strassen. Die Abraumhalden sind in Richtung Tessenberger Alm, 2086 m, markiert, mit Pkw erreichbar. Schattseitig von Strassen, in den nördlichen Waldungen des Dorfberges, sind weitere Knappenlöcher bekannt, deren Verfall neben mangelnder Rentabilität auch auf Sagen und Legenden beruht. Halbtagswanderung.
Weiter zur Tessenberger Alm (Jausenstation), 2086 m, 1½ Std. Sonnig und empfehlenswert.

Bergbauerndörfer und altes Mühlenwerk im Villgratental

Schloß Heinfels bewacht die schmale Mündung des Villgratentales, das schon um 1100 als Valgratto = schönes Tal urkundlich erwähnt wird und geschichtlich eng mit Innichen verquickt ist. Damals übertrug das dortige Stift seinem Vogt ein erstmaliges Nutzungsrecht im reichbewaldeten Villgratental mit der Bedingung, Valgratto urbar zu machen. Die Hauptrodungszeit und der Bau der ersten Hofanlagen am heutigen Lahnberg sind dem 12. bis 14. Jahrhundert zuzuordnen. Eine Pfarrgründung datiert in Innervillgraten um 1267, während Außervillgraten noch gut 400 Jahre in seelsorglicher Hinsicht als Filiale an Sillian gebunden blieb. Ein überaus fleißiger Menschenschlag hat das Tal bevölkert und neben Landwirtschaft und Viehzucht vor allem Bergbau betrieben. Schwefelgelbe Fragmente ehemaliger Erzaufbereitungsanlagen fallen schon am Eingang auf, wo heute ein modernes Werk steht, und Holzumschlagplätze sichern vielerorts am Bachufer Arbeit und Brot.

Dem Bach entlang von Panzendorf bis Außervillgraten standen früher eine Reihe von Schmitten (Schmieden), deren schwere Hämmer die Kraft dem Wildbach verdankten, der seit 1926 auch ein leistungsfähiges E-Werk betreibt. Von der Bundesstraße sind es 4,5 Kilometer bis Außervillgraten, 1286 m, das einmal Brucken hieß und von Johann Jakob Staffler um 1844 folgend charakterisiert worden ist: „Steile Berge beschatten melancholisch Häuser und Kirche und in die abschüssige Bergwand geklebt sind Hütten und mühsam abgerungene Äcker und Felder scheinen in der Steile aufgehangen. Das Gemeindegebiet besitzt weitschichtige Bergregionen mit einer Ausdehnung von 18 Stunden Umfang.“

Von Außervillgraten zieht nördlich das Winkeltal in die Berge hinein und schließt mit Volkzein ab, während eine 5,5 Kilometer lange Straße am Talbach entlang mit dem Berg-Erholungsdorf Innervillgraten, 1402 m, verbindet. Von hier kam es im 13. Jahrhundert durch Übervölkerung zu Abwanderungen, die zur Bildung deutscher Sprachinseln bei Sappada, einem Randgebiet Friauls, führten.

Im Zentrum Innervillgratens steht die dem hl. Martin geweihte Pfarrkirche, ein schweres Gebäude mit Kuppelturm und massiv umfassendem Mauerwerk. Die um die kirchliche Mitte gruppierten stattlichen Häuser nebst Schule sind in zwangloser Weise einer alten Bauordnung unterworfen. Etwa 120 Urhöfe zählen wir im Villgratental, das heute ein bis an die äußersten Grenzen von Siedlerfleiß und Bauernhand durchkultiviertes Gebirgstal ist.

Die letzte Dauersiedlung in Kalkstein, 1641 m, liegt weitere 5 Kilometer taleinwärts, bereits grenznah, und konnte früher mit einem Schwefelbad neben dem Alpengasthof aufwarten, das wegen fehlender sanitärer Erfordernisse aufgelassen ist. Seit 1800 versorgen Expositoren die Kirche in Kalkstein, die aufgrund einer um 1634 grassierenden Pest erbaut worden ist. Der Kirchenraum zeigt eine gut gelungene Kopie gotischen Bauschaffens, während die äußere Anlage vom „Pestfriedhof“ und von dunklen, unter Schutz stehenden Zirben umstellt ist. Der mit hellem Granit verbaute Roßbach aus dem gleichnamigen Tal rauscht nördlich an der Kirche vorbei und stimmt mit sonorer Stimme in das Raunen der Lärchen ein, die gleich hinter dem Parkplatz stehen und uns das Lied der frohen Wanderschaft zurufen.

Das Lied vom Villgratental stimmt für uns Franz Josef Kofler an, und wer es singt, darf keine helle Geige zur Begleitung wählen, auch nicht die fröhliche Klarinette oder die näselnde Oboe und schon gar nicht das spottende Fagott, selbst das Horn ist zu schrill und die Flöte zu weich; ein Cello muß es sein. Die dunklen, lang hinausgehauchten Klänge erst vermögen das Lied vom Villgratental auszumalen, das ernst und schwermütig, vom Bach durchtost und dem Rauschen hoher Fichten überspielt, bei Schloß Heinfels beginnt. Hoch oben, wo der Wald schweigt, kleben Bauerngehöfte, über die im Sommer die Wärme rinnt und im Winter der Sturm schlägt. Eine Bratsche klingt auf und verstummt wieder. Wir sind in Außervillgraten. Ein paar Häuser stehen am Bach, Sägen und Holzstapel. Mehr haben nicht Platz. Auch die helle Dorfkirche sucht die Höhe auf.

Das Haupttal wird freundlicher, immer tiefer wagen sich die Gehöfte ins Tal herab. Der Bach wird zahmer, unschuldiger und weißer Gischt springt an den Felsen empor, die mitten im Bett stehen. Sandbänke liegen wie schlafende Ungetüme, die sich sonnen. Am Rand flüstern Tamarisken. Das Cello klingt auf, behält die Führung bis Innervillgraten. Eine große neue Kirche steht im Tal, nah und entfernt und hoch auf die sonnigen Hänge gesät die Häuser; Sägen und Mühlen, die weithin zu hören sind; und dann die letzte kleine Kirche, Maria Schnee, in Kalkstein, ein Dorf, nicht größer als ein Weiler, von Almen und

Wald umgeben. Im Mai können die Felder am Morgen weiß sein vor Reif und der Hagel sitzt im Sommer locker im schwarzen Gewölk. Das Cello verstummt, die Baßgeige schreit ihre Klänge ins Lied, wenn das Unwetter die Äcker mäht und fern das flehentliche Wimmern der Glocken hörbar wird. In den Stuben beten sie, die Brust ist eng, und noch durch die geschlossenen Lider zucken die Blitze.

Das Schönste, was dem Villgrater gehört, sind seine Almen. Er mäht die Dungwiesen um die Sennkaser und trägt das Heu in die Schupfen und im Winter zu Tal.

Hier auf der Alm darf auch die Klarinette jauchzen, das Horn klingen, selbst dem Fagott ist die Stimme nicht verboten.

Sehr bald ist das Konzert zu Ende. Die Familien ziehen wieder zu Tal, es ist Herbst geworden, die Morgen sind kühl. In einer langen, hallenden Kadenz versinkt das Cello, mit ihm endet das Lied von Villgraten.

Zahlreiche Möglichkeiten für Spaziergänge, Halb- und Ganztagswanderungen sowie Bergfahrten und Gipfeltouren stehen zur Auswahl. Alle wichtigen Wege und Routen sind sorgfältig markiert. Das gilt für die Spaziergänge im Talgrund, für die Nachbarschaftswege zu den Hofsiedlungen aller drei Talorte wie für die hochgelegenen Routen. Besonders empfehlenswert sind die Halbtagswanderungen zu den romantischen Almdörfern, mit größerem Zeitaufwand zu den herrlichen Bergseen und schließlich die Hochtouren auf die Gipfel, die mit der Weißen Spitze im Arntal die Dreitausendmetergrenze nur knapp verfehlen.

Kalkstein schließt das Villgratental ab und liegt 2–3 Stunden vor der Kammgrenze zu Südtirol. Ein wechselvolles Schicksal durchlebte die kleine Weilersiedlung abseits der lauten Welt.

Der Thurntaler – Außervillgratens Hausberg

52

Die erste Straße nach Außervillgraten führte in vergangenen Zeiten über den Sillianer Berg, war doch die schluchtartige Verengung des ausmündenden Villgratentales lange unpassierbar. Die Abgeschiedenheit der Talbewohner verbanden Außenstehende mit der Vorstellung von Rückständigkeit. Darum entstanden zahlreiche Anekdoten um „Schildbürgerstreiche" der Villgrater. Doch die Zeit der Villgrater Geschichtlein ist vorbei, sie sind verstummt, zu Märchen aus alter Zeit geworden.
In Wirklichkeit waren die Talbewohner immer fortschrittlich. In Villgraten lernten die stets realistisch denkenden Menschen schneller als anderswo, die Technik in der Landwirtschaft einzusetzen. So baute man in Außervillgraten bereits 1897 den ersten Feldaufzug, die allererste Seilbahn im Dienste der Bauern. Rund ein Drittel der Gesamtfläche, ca. 7900 ha, ist bewaldet, fast die Hälfte davon entfallen auf Almen. In bezug auf das Ausmaß steht Außervillgraten im oberen Pustertal nach Aßling und Innervillgraten an dritter Stelle und verzeichnet auch ein besonders starkes Bevölkerungswachstum. Das Gemeindegebiet dehnt sich vom Ortskern nach drei Richtungen aus: nach Süden in die Fraktion Unterwalden, das Haupttal weiter gegen Innervillgraten-Unterfeld und gegen Norden das Winkeltal mit dem Versellerberg. Die hochgelegenen Bauernhöfe sind großteils mit asphaltierten Straßen erschlossen und auch am Versellerberg reicht ein Fahrweg zu den Höfen auf Oberwurzen. Fast alle Almen verfügen über einen Aufzug, mit dem Lebensmittel und auch Kleintiere befördert werden. Die Erschließung des Thurntalers mit einer 7 Kilometer langen asphaltierten Bergstraße und die Errichtung eines Schleppliftes bis auf den Thurntaler-Gipfel ist somit die erwartete Fortsetzung einer Entwicklung, der das steile Relief und die kargen finanziellen Mittel schwierige Barrieren setzen.
Auf den Thurntaler – Außervillgratens „Haus- und Skiberg" – pendelt das Thurntaler-Taxi, wenn wir uns durch die Auffahrt mit eigenem Pkw nicht binden wollen. Die Straße führt an der Pfarrkirche St. Gertraud von Nivelles und an steilen, noch besiedelten Wiesenrainen vorbei. Bald umschließt uns der Wald mit verhalten blühenden Böden und Lärchenlichtungen, durch die der helle Morgen und das Bild des felsdunklen Rapplers fällt. Das Winkeltal, eine langgezogene, schmalgekrümmte Talfurche, wird überschaubar, ebenso die Almen, die zartgrün ins Dunkel der schweigenden Wälder gerodet sind. Die Thurntaler-Rast, ein Berggasthof, breitet sich neben der Talstation des Schleppliftes aus, der den Almenbereich bis zum höchsten Punkt durchmißt. In weiten Hängen und Mulden links der Schlepplifttrasse steigen wir unbekümmert an oder folgen einem breiten Weg, der ebenso bis zum Thurntaler-Gipfel mit Bergstation reicht.
Im Süden sind die Sextener Dolomiten besonders schön, jene aus urdenklichen Zeiten aus dem Meer gehobenen Klippen, gebündelten Säulen und Gipfel, die wie Reißzähne zum Himmel wachsen. Im Norden ziehen die Firnlinien der Hohen Tauern kontrastreich die Grenzen zwischen Erde und blauem Gewölbebogen, und südöstlich von uns, nur noch hinter buckligen Hochalmböden verborgen, wissen wir unser Ziel, den in Erde und Rasen gesenkten Thurntaler-See und das weit sichtbare Jugendkreuz. Auf diesem Wegstück wird uns eine vielfältig reizvolle Pflanzenwelt begegnen, die durch die günstige Bodenbeschaffenheit und Bodenform sowie die geologische Formation bestimmt ist. Zur regulären Urgebirgsflora zaubern die vereinzelten Kalkschollen und die über das ganze Gebiet verstreuten, kalkhältigen Substrate noch eine interessante Kalkvegetation mitten ins Schiefergebirge hinein. Die blühfreudigste Zeit von Mitte Juni bis Anfang August läßt auch die Schneetälchen der Hochregionen im Lächeln der Berge verharren.

Wegverlauf in Kurzfassung
Außervillgraten, 1286 m, liegt 4,5 km von Panzendorf entfernt und am Eingang in das Winkeltal. Von Außervillgraten führt eine 7 km lange asphaltierte Bergstraße auf den Thurntaler mit Jausenstation Thurntaler-Rast, 2005 m (ganzjährig befahrbar). Zum Gipfel, 2407 m, führt ein markierter Weg und Steig (Schlepplift), 1¼ Std.
Das Sommerwandergebiet läßt sich zum Thurntaler-See und Jugendkreuz, 2324 m, ausdehnen, 1¼ Std., markiert, Nr. 4. Wenn wir die Auffahrt mit dem Thurntaler-Taxi (Abfahrt am Dorfplatz) durchführen, dann kann der Abstieg nach Innervillgraten erfolgen. Eine empfehlenswerte Rundtour. Dabei ist auf die Abzweigung 20 Min. westlich vom Thurntaler-Gipfel zu achten und den Hinweis „Innervillgraten – Tafine". Insgesamt 5 Std., schöne Herbsttour.

Ein freundlicher Morgen hüllt das Große und Kleine Degenhorn mit Wärme und Licht ein.

Gölbner – Degenhorn – Hochgrabe
Schweigende Berge im Winkeltal

53

Von Außervillgraten zieht das Winkeltal als tiefer Spalt in die Villgrater Bergwelt hinein, die Teil der Defereggger Alpen ist. Nach etwa 10 Kilometern öffnet sich das Winkeltal mit den grünen Angern der Volkzeinalm, wo bis 1982 die Sillianer Hütte als biederes Alpenvereinshaus heimisch war. Nach deren Verkauf übt nun die umbenannte Volkzeiner Hütte weiterhin die Sommerbewirtschaftung aus. Der Almbereich ist fast baumlos; nur Erlen krallen sich in dichten Streifen an die Hänge. Würziges Berggras übermalt die weiten Kämme und den Talhintergrund. Dort springt ein weißgischtender Wasserfall über einen braunen Felssockel, ehe sich der Bach beruhigt und sittsam an der Volkzeinalm vorbeischlängelt.

Der befahrbare Weg in das Winkeltal ist fast bis zum letzten bewohnten Hof gut ausgebaut und asphaltiert. Nichts erinnert mehr an den hohlen Schlittenweg, der einst das Mooshofanwesen, die heutige Mooshofalm, mit Außervillgraten verband und vom reichsten Talbauern bewohnt war. Ihm oblag die still übertragene Pflicht, dem Dorfpfarrer jährlich eine Weihnachtsgabe, meist einen schweren Butterknollen, zu überbringen. Noch heute erzählt man, daß die Christmette erst zu beginnen pflegte, wenn der Mooshofbauer eingetroffen war. Nahezu vergessen ist der beschwerliche Viehtrieb, der noch lang nach dem Zweiten Weltkrieg durchgeführt wurde und nach zwei Tagesetappen von Leisach bei Lienz durch das Pustertal bis Panzendorf und von Außervillgraten durch das Winkeltal auf der südlich des Hochalmgipfels gelegenen Leisacher Alm endete. Zwischenstation und Raststätte für Vieh und Treiber war die Mooshofalm im Winkeltal, die seit Jahrzehnten nicht mehr bewohnt ist. Durch lange Zeiträume ist im Winkeltal die einzige „Kartatsche“ in Betrieb, die wir 1,9 Kilometer hinter Außervillgraten beim Innerwalcherhof Nr. 122 noch in Aktion sehen. Als bescheidener Nebenerwerb verbesserte sie besonders während des letzten Krieges den Lebensunterhalt. Vier bis fünf Tonnen Schafwolle wurden jährlich auf zwei „Maschinen“ spinnfertig aufbereitet, eine Menge, die in den siebziger Jahren auf 175 kg schmolz und derzeit bei 300 kg stagniert. 400 Jahre alt ist die ältere, aus Holz gebaute und aus Brixen stammende Kartatsche, während die „neue Maschine“ aus Eisen, in Köln hergestellt, erst 120 Lenze zählt. Die Kraft holten sich die mehrere Zentner schweren Maschinen aus dem vorbeifließenden Bach, der Teile der Anlage im Hochwasserjahr 1965 weggespült hat. Seither hat der findige Innerwalcherbauer auf Diesel umgestellt und arbeitet nicht nur für heimische Kunden, sondern auch für die, die aus Südtirol oder vom Schneeberg aus Niederösterreich kommen.

In das Winkeltal zweigen wir bei der Bachbrücke in Außervillgraten nördlich ab. Aufgeräumte Höfe säumen die Straße neben dem rauschenden Bach und grüßen von steilen gemähten Wiesen herab. Der letzte bewohnte Hof liegt schattseitig der „Tilliacher Brücke“, bereits 4 Kilometer im Talinneren, wo der aufmerksame Bergwanderer einen Anstieg zum Gölbner entdeckt. Wenig später erreichen wir den aufgelassenen Wegschranken und zur Linken einen Zugang zur unbewohnten Mooshofalm. Noch 6 bis 7 Kilometer trennen uns auf relativ ebener Strecke von der Volkzeinalm, in deren Hintergrund ein silberner Wasserfall von den Höhen stürzt und unterhalb der Hütten gemächlich vorbeitreibt. Weidengebüsch hat sich am Bach angesiedelt, das Wasser zu unterhalten. Alles ist grün, bis hinauf zu den Graten sind die Hänge mit fettem Almgras überkleidet. Außer der Zeit der Heumahd ist die Ruhe und Einsamkeit auf den Almen so beheimatet, daß man das Brummen einer Hummel wie den Motorenlärm eines Flugzeuges empfindet.

Zum *Degenhorn* leitet der Wiesensteig rechts des Baches in den Talschluß, und mühelos erreichen wir die Hainkaralmhütte auf geborgener Hangverflachung. Den weiteren Anstieg prägen sterbende Gemäuer verlorener Almhütten und zusammengelesene Steinhaufen, die etwas mehr Weidefläche schaffen. Links von uns stiftet der Wasserfall etwas Unruhe; ungestüm tollt der Bach über die Bergwiesen. Mit ineinandergewundenen Armen hat er Besitz vom herrlichen Schrentenboden ergriffen, dort weist er das Wollgras in einer sumpfigen Ecke zurecht und läßt die bunten Sommerblüher auf kleinen Raseninseln Platz nehmen. Ein herrschsüchtiges Bächlein, das auf der „Wilden Platte“ zu Hause ist. Ein oval geformter See träumt höher oben in einem stillen Kar, und eine Stufe darüber liegt im Glanz des Sommertages der Degenhornsee; ein dunkles, in eine runde Blockwanne gefülltes Wasser, in das das Große Degenhorn sowie der kleine Bruder schaut, über dessen Gipfel der markierte Pfad zum neuen Kreuz am höchsten Punkt führt.

Auf der *Hochgrabe* bestaunen wir ein eigenartiges und interessantes Landschaftsbild auf der vom Gletscher breit und rund geglätteten „Wilden Platte", über die wir 1 Stunde lang zum Gipfel ansteigen. Auch ein Bergbauversuch um 1500 läßt sich noch nachweisen; glaubte man doch Gold und Silber unter den Blöcken versteckt. Das sogenannte Goldtrögele in der „Wilden Platte" spricht dafür, ein grabartiger Schacht, den eine vorstehende Platte überdacht. Es scheint sich offenbar um eine „Buchenkeilarbeit" zu handeln, ein ebenerdig angelegter Trog, der 1,5 m lang, 90 cm breit, 3 m tief und mit Wasser gefüllt ist. Ob sich die Arbeit gelohnt hat? Kaum, wenngleich in der Sage von einem gehobenen Schatz die Rede ist. Das Gold der Berge finden wir heute noch, wenn wir frei und auf lichten Höhen stehen, die Schönheit und den Reichtum der Berglandschaft erkennen und etwas von der Freundschaft erfahren, die am Berg besser als im Tal gedeiht.

Wenn wir noch einmal vom Autoabstellplatz bei der Bachbrücke ausgehen, dann bleiben wir links des Wassers und ersteigen die Erlen- und Alpenrosenhänge bis in einen Hangkessel mit einem Steinmann und Wegtafeln. Der Kehrensteig überwindet den Felsgürtel auf den Schrentenboden, von dem aus linkshaltend die Wilde Platte betreten wird. Das vom Gletscher geschliffene, leicht ansteigende Terrain, die weichen, samtigen Moosbrücken von Stein zu Stein und die vom Altschnee gefüllten Mulden weisen den Weg zum Gipfelkreuz.

Erwähnenswert ist westlich der Volkzeiner Hütte die *Ochsenlenke,* ein markierter, nur bei schneefreier Jahreszeit empfohlener Übergang nach St. Jakob. Die Ochsenlenke, 2744 m, wird nordöstlich von der Karspitze bewacht, in deren Südgehänge sich unerwartet ein Moränensee hinter dem Namen „Falk am See" verbirgt. Bemerkenswert ist der steile Standort des tiefblauen Bergauges, in dem die weitentfernten Arnhörner ihr steinernes Spiegelbild tauchen. Uns direkt gegenüber entfaltet sich die Hohe Grabe.

Wegverlauf in Kurzfassung

Ca. 11 km mißt das von Außervillgraten bis zur Volkzeiner Hütte sich streckende Winkeltal mit dem letzten bewohnten Hof, 4 km im Talinneren. Dort bei der Tilliacher Brücke bietet sich ein Anstieg zum Gölbner an, 2934 m, 4 Std. In der Talmitte rostet der aufgelassene Wegschranken mit dem Zugang zur Mooshofalm (300 m). Ein markierter Waldsteig leitet weiter zur Brandalm, 2033 m, 1½–2 Std. Rechts des Baches wandern wir in Richtung Volkzeiner Hütte weiter, 3–3½ Std. von Außervillgraten.

Zu den bekanntesten Gipfeln zählen das *Degenhorn,* 2946 m, 3–3½ Std., mit Anstieg über die Hainkaralmhütte, 2122 m, ¾ Std. Auf der nächsthöheren Hangterrasse durchschreiten wir den sogenannten Schrentenboden und gelangen schließlich zum Degenhornsee, 2713 m, 2½ Std. vom Autoabstellplatz, unweit der Volkzeiner Hütte. Zum Gipfel mit neuem Kreuz noch ½–¾ Std.

Die *Hochgrabe,* 2951 m, 3–4 Std., ist die höchste Erhebung im Umkreis der Volkzeinalm und stark von ehemaliger Vergletscherung gezeichnet. Wir steigen links des Talbaches in den Bereich der Hainkaralm an, ¾ Std. Wegtafeln. Auf den höher gelegenen Schrentenboden, 2½ Std., dann schwenken wir links Richtung Süden und erreichen auf Schliffblöcken und Rasenrinnen bei gleichmäßiger Steigung den Gipfel mit Kreuz.

Bevorzugte Jahreszeit: Juli bis September.

Im Zentrum größerer Osttiroler Almen steht häufig eine Kapelle oder ein Bildstock. – Kamelisenalm im Arntal.

Auf steilem Gebirgshang gewachsen – der Bergbauernhof

Auf Schettlet in Innervillgraten und beim alten Schliederleanwesen in Kals finden wir Osttirols höchstgelegene Bergbauernhöfe in 1730 m Seehöhe; der vermutlich älteste, der Idlhof am Untergaimberg bei Lienz, stammt aus dem Jahre 1501.

Etwa 2410 Bergbauernhöfe zählt man in Osttirol, die seit vielen Generationen mit Liebe und Treue gepflegt und mit großen Mühen gehalten worden sind. Davon zählen 1795 Bergbauernhöfe zur Zone III, die durch Steilheit, Höhenlage und Abgeschiedenheit einen Extremstandort aufweisen. Dazwischen Höfe, die vom Bergbauern verlassen wurden. Es ist vielfach nicht die Frage, ob er bleiben wollte, sondern dies überhaupt vermocht hätte. In den letzten drei Jahrzehnten hat sich die Zahl der in der Berglandwirtschaft beschäftigten Bevölkerung spürbar verringert, wenngleich die landwirtschaftliche Fläche nicht in gleicher Weise schrumpfte. Ein großer Teil sind Nebenerwerbsbauern geblieben. Jene, die bleiben, richten sich so gut es geht ein; mit Traktoren, Seilwinden, Bewässerungsanlagen, Melkmaschinen und verschiedensten anderen Geräten, soweit es geländebedingt überhaupt einsetzbar und sinnvoll ist, bzw. dauerhaft den Lebensfortschritt gewährleistet. Wo dies der Fall ist, kann allerdings der Berghof, weil er Lebenskraft hat, auch ein Bollwerk des Landschafts- und Umweltschutzes sein. Gewöhnlich sind im Umkreis des aktiven Hofes die Almen und Wiesen, Wald und Weide, Wasser und Wege in Ordnung. Es ist erstaunlich, mit welcher Geduld und Selbstverständlichkeit der Bergbauer sich in der Vergangenheit durch Mühe und Plage selbst verwirklichte. Herr im eigenen Haus zu sein, waren ihm alle Opfer wert.

Den Berghof erhalten, heißt ihn wirtschaftlich leistungsfähig machen: mit Erschließung, technischer Ausrüstung und durch überbetriebliche Zusammenarbeit in Produktion und Absatz. Viele Bergbauernhöfe werden dabei ein zeitgemäßeres Gesicht bekommen und über notwendige Förderung auch lebensfähig bleiben. Bergbauernhöfe in landschaftlich schöner Gegend haben im Fremdenverkehr eine zusätzliche Erfolgschance, wenn es gelingt, die Eingriffe von Großunternehmen in die Wasserwirtschaft in einen vernünftigen Rahmen zu drängen. Den Schöpfungsauftrag, sich die Welt untertan zu machen, hat die Menschheit oft genug mit untauglichen Mitteln zu erfüllen gesucht. Solange die Natur die menschlichen Fehlleistungen verkraften konnte, ist die Welt heil geblieben. Heute besteht die Gefahr, daß sie durch ein Übermaß an Unnatur vergewaltigt und verdorben wird. Es sei denn, man fände zu den Quellen der Erkenntnis und lernte wieder von jenen, die noch fähig sind, mit Gottvertrauen aus der Saat eine gute Ernte hervorzubringen.

Der Tscharnighof am Gaimberg bei Lienz – ein sterbendes Anwesen.

Die „Schatzwände“ auf der Roten und Weißen Spitze

54

Die beiden schönsten Gipfel des Arntales zeigen sich im Felsaufbau am wirkungsvollsten vom Defereggental aus. Dort wird zwar die Weiße Spitze, mit 2963 m die höchste Erhebung der Deferegger Alpen, als Rote Spitze bezeichnet; ein Umstand, der wenig stört angesichts so herrlicher Berggipfel und langlebiger Schatzsagen, die im Arntal geboren und verbreitet werden. So soll es im abschüssigen, südseitigen Felsgehänge pures Gold gegeben haben, das unter den Fündigen schnöde Habgier und ein erbärmliches Ende hervorgerufen habe. Auch ein buckliger Kleinhäusler verwahrte ein goldenes Geheimnis am Berg, einen Schatz, den zu heben ihm Angst und Mißtrauen verboten. So sind die sagenhaften Fundstellen nur vage überliefert, und am ehesten ist der Version zu trauen, daß man vom „Bildstock“ hoch in der Weißspitzgrotte waagrecht nach links queren muß und mit wachsamem Auge dem Serpentinensteig zur sogenannten „Schlötterlenke“ folgen soll. Bleibt uns ein Goldschatz verwehrt, dann entschädigt die Schönheit der felsgrauen Landschaft, die um Weiße und Rote Spitze sich mit vielfältigen Formen zeigt. Zwischen den beiden Gipfeln liegt versteckt ein Bergsee, der groß und namenlos ist wie die Weite des von Schöpferhand gestalteten Felsenreiches.

Die Oberstalleralm, ein stattliches, auf geneigtem Hang eng gestaffeltes Hüttendorf, ist letzter Stützpunkt zu den schönen, hier angeführten Bergwanderungen. Von der schmucken Kapelle im Herzen der Alm gehen wir aus, die, dem Patronat der heiligen Schutzengel unterstellt, eine möglicherweise wiederkehrende Bergsturzgefahr von der „Reate“ bannen soll.

Hundert Schritte oberhalb der Alm weist eine alleinstehende Fichte nach links über den Bachgraben und zur *Roten Spitze.* Ein steiler Wald nimmt uns auf, der mit knorrigen Baumkrüppeln fast bis zu den Heuhütten der Milletalm reicht. Eine bogig gesetzte Steinmauer begleitet uns ein Stück, bis rechts ausholend der Südrücken des Roten Mandls umlaufen wird. Auf einer kleinflächigen Hangverebnung kann man kurz verschnaufen, und schon ist die schmale Kammscharte, die sogenannte Wangeslenke, sichtbar, die auf den breiten Geröllrücken und östlich gegen den Gipfel überleitet; eine wildschöne Höhenzone, die mit Abenteuern nicht geizt. In der eigentümlichen Gipfelregion durchschreiten wir gelegentlich eine schneeverwehte Kammlücke, der ein leicht eingesacktes Hochkar mit halboffenen Eisaugen und in den Fels verkrallten Altschneeflecken folgt. Eine scharfgeschnittene Felskerbe mit Stahlseil bremst die letzten Meter zum Gipfel. Kehren wir noch einmal zu den lärchengezimmerten Hütten und der Schutzengelkapelle auf der Oberstalleralm zurück, mit der Absicht, die einsame *Weiße Spitze* aufzusuchen. Nur wenige Minuten taleinwärts, wo hinter Zäunen und Steinmauern sorgsam gepflegte Wiesen im Grün des Sommers prangen, windet sich der Pfad neben dem „Schlötterbach“ bergan. Ein Kehrensteig läßt uns auf dem steilen Bergwiesengelände etwas ermüden und zwingt zu einem Hangabbruch, wo standhafte Lärchen weitere Übel aufzuhalten versuchen. Rechts von wasserführenden Gräben müssen wir weiter bis zum Fuß eines dreikantig und wandbildend auftürmenden Felspfeilers. Hier hat in einer rißdurchzogenen Grotte eine Madonna Zuflucht gefunden und jene Sage ihren Ausgang genommen, die vom Goldschatz des Berges erzählt. Immer noch steil geht es zur Linken einen felsumrahmten Wiesenhang hinauf, bis beim verfallenden Hirtenunterstand der Schlötteralm die seicht zwischen Roter und Weißer Spitze eingebettete Schlötterlenke das nächste Ziel bestimmt. Einmal dort, kann nichts die Fernsicht zu den Eisgipfeln des Alpenhauptkammes behindern; ein Blickfeld, das auf der Weißen Spitze noch vollständiger wird.

Wegverlauf in Kurzfassung

Beide Gipfel haben den Ausgangspunkt bei der Oberstalleralm, 1883 m, im Arntal; ca. 10 km von Innervillgraten.

Die *Rote Spitze,* 2956 m, 3½ Std., verfügt über die wohl schönste Bergform im weiten Umkreis. Der markierte Anstieg erreicht im Südgehänge des Berges die Milletalm, 1½ Std., und später die Wangeslenke, 2866 m, 1¼ Std. Am Kamm und über ein Hochkar in ¾ Std. zum Gipfelkreuz (Wanderstempel).

Zur *Weißen Spitze,* 2963 m, 3–4 Std. (höchste Erhebung der Deferegger Alpen), beginnt der bezeichnete Steig ca. 8 bis 10 Min. innerhalb der Hütten. Im Südgehänge, neben dem Schlötterbach, steigen wir zur Madonnengrotte, 1¼ Std., an und zur Schlötteralm ca. eine weitere Stunde. Bei der Schlötterlenke, 2725 m, insgesamt 3–3½ Std., genießen wir eine vorzügliche Aussicht, die am Gipfel (½ Std.) noch mit dem Blick nach Osten aufgewertet wird (Wanderstempel).

Geeignete Jahreszeit: Juli bis September. Als Schitour Geübten möglich.

Die „goldenen Fußeisen" am Grund des Schwarzsees

55

Wer die Wanderung zum Schwarzsee wählt, hat gut entschieden. Nur noch zwei Stunden beträgt der Anstieg, seit eine gut ausgebaute, teils asphaltierte Almstraße von Innervillgraten bis zu den Stalleralmen reicht. Beim Zusammenfluß des Kalksteiner und Stallerbaches, 2 Kilometer nach Innervillgraten, verzweigt sich das Tal, führt südwärts nach Kalkstein und mit dem nordwärtsschwenkenden Arntal zu den Almdörfern von Unter- und Oberstaller, mit Kasern und Kammern in steilen übergrünten Hängen, die mitunter ein bis zwei Sommermonate zur Bergmahdzeit von ganzen Familien bewohnt sind. Auf der zügigen Anfahrt übersieht man leicht die nach den letzten bewohnten Häusern zwischen den Bacharmen altgewordene, ausgediente Säge und eine interessante „Lodenstampfe", die in einer nußbraunen Hütte unauffällig „Dienst" ausübt – natürlich nur für eine magere Woche im September, wo wir Zaungäste sein dürfen, wenn durch stetes Stoßen und Stauchen oder Pressen von Wollgeweben dickfilziger Loden „herausgewalkt" wird.
Die Unterstalleralm mit der in Viehnöten bemühten Chrysanthkapelle breitet sich am Fuß der Riepenspitze aus, in deren eisgeschliffenen Nordhängen sich der Schwarzsee verbirgt. Jenseits des Stallerbaches führt der Steig steinige Bergwiesen mit astigen Lärchen empor, und ein stürzender Wasserfall verhallt im weiten Raum der Unterstalleralm. Höher oben überrascht ein großflächiges, undurchdringliches Latschenfeld, dem der Steig rechtsschwenkend ausweicht, ehe er durch Erlenhänge hinauf und auf steilen Magerwiesen an einem flach abgedeckten Schafstall vorbeizieht.
Ein roter Markierpfeil weist nach links, auf den von Moränen überzeichneten, mit Schliffblöcken übersäten Berghang. Darüber liegt, von steilem Fels, Schutthalden und grünen Rasenriegeln umspannt, groß und still der Schwarzsee. Noch wahrt der Schwarzsee sein Geheimnis in seinen unergründlichen Tiefen und weiß es auch vor dem Zugriff der Menschen sicher.

Wegverlauf in Kurzfassung
Bei der Straßengabel, 2 km innerhalb von Innervillgraten, zweigen wir auf befahrbarem Weg rechts in das Arntal ab. Von der Unterstalleralm (Unterstoller) nützen wir den markierten Steig, der jenseits des Stallerbaches ansetzt und mit viel Abwechslung zum Schwarzsee, 2456 m, 2 Std., ansteigt.
Ideale Jahreszeit: Sommer und Herbst.
Familienfreundliche Wanderung.

Die Sage erzählt von einem Schatz am Grunde des Schwarzsees. Wer ihn heben will, muß dieses Bergidyll einmal besuchen, und sei es nur, um landschaftliche Schönheit einzufangen.

Zwischen westlichem Dolomitenkamm und den Karnischen Alpen – das Tiroler Gailtal

Die von Heimatkundlern noch erfaßbare Geschichte des grenznahen Hochtales ist mehr als tausend Jahre alt. Wildland und Urwald war die Gegend in alter Zeit, unbekannt und namenlos. Ob die antiken Völker, die Illyrer, Kelten und Römer, später die Slawen und Bajuwaren in diese Höhenregionen als erste eindrangen, enthüllt auch die von J. Weiler aus Obertilliach zusammengefaßte Talchronik nicht. Sprachforscher deuten Flur-, Alm- und Ortsnamen auf keltische, romanische, slawische und deutsche Wortwurzeln hin. So sind am Dorfberg angeblich Spuren einer Römerstraße noch ablesbar. Als sicher gilt die Urbesiedlung entlang der Sonnseite. Dort konnten schon im 11. Jahrhundert mehr als zehn Höfe bei Rals und Huben, zwischen Ober- und Untertilliach nachgewiesen werden. Die Grenzen des Tales sind alt und schon um 811 von Kaiser Karl d. Großen festgelegt worden. Bei Tassenbach beginnend, endet das Tal nach 23 Kilometern beim Tiefenbach, der heute noch Tirol von Kärnten trennt. Nicht mehr als ein ausgetretener Reit- und Saumpfad führte bis weit in das 16. Jahrhundert durch die baumfreien Zonen, und wintersüber verband lediglich ein holpriger Schlittenweg die langsam wachsenden Ortschaften Kartitsch, 1356 m, Obertilliach, 1450 m, und das grenznahe Untertilliach, 1235 m. Mit Maria Luggau, 1179 m, der ersten Kärntner Gemeinde, festigten sich Kontakte wirtschaftlicher Natur erst mit der Schaffung eines Karrenweges um die Mitte des 18. Jahrhunderts. Heute noch weiß man von lustigen Weinfuhren in das Servitenkloster Maria Luggau, wo mitunter ein Faß „verlorenging".

Schatten der Erinnerung sind zahllose Naturkatastrophen, welche die mit unverdrossenem Fleiß und oft unmenschlicher Härte dem kargen Boden abgerungene Frucht bedrohten. Seit 1111 sind großflächige Murbrüche und todbringende Hochwasser aufgezeichnet. Obertilliach hat sich beispielsweise auf einem vom Rodambach herangefrachteten Schuttkegel entwickelt. Auch der Schneereichtum hat zeitweise widersinnige Ausmaße erreicht, etwa 1794, als man nach einem mehrtägigen Schlechtwetter 11 Wiener Fuß oder 3,5 Meter messen konnte oder der Winter 1950/51, der insgesamt 13 Meter Schnee über Wald und Feld und Dächer warf. Das Jahr 1803 war wiederum so kalt und naß, daß kein Getreide heranreifte und das Gespenst des Hungers an alle Türen pochte. „Getreideeinfuhren" waren zu Zeiten der Not aus Kärnten oder dem Pustertal üblich, und nicht nur einmal waren Bauern mit ihren Karren bis Franzensfeste oder gar Innsbruck am Weg. Der Volksmund erzählt, daß einmal die Hungersnot die Bauern der Ortschaft Leiten (Gemeinde Obertilliach) zwang, ihre schönen Stuckenwiesen im Leitnertal für einige Haferbrote an Kartitscher Bauern einzutauschen – deren Besitz sie bis heute geblieben sind. Erst der Holzhandel über das Tilliacher Joch in das italienische Tal „Visidende" verbesserte bis 1873 zwischenzeitlich den Lebensstandard und ein spürbarer Holzhieb beim Bau der Pustertalbahn. 1911 durchschnitt erstmals eine konkurrenzfähige, 15 km lange Straße das grüne Tal, sie reichte von Tassenbach bis Obertilliach, und Stichstraßen wurden auch in einige Seitentäler angelegt. In den Kriegsjahren 1914–1918 wurden die Verkehrswege weiter ausgebaut, dienten aber vordergründig dem Transport von allerlei Kriegsgerät. Mußten sich die Tilliacher Standschützen schon 1809 dem mordgierigen französischen General Ruska stellen, wo es mit einer List gelang, ihn gnädig zu stimmen, so oblag ihnen im Ersten Weltkrieg die Sicherung der in die Kriegswirren mit einbezogenen Karnischen Alpen. Kavernen, einsame Gräber, Kreuze und Mahnmäler erinnern an die Toten, und in Holz gefertigte Kapellen ehren auch die später nachrückenden österreichischen Militäreinheiten, mit deren Hilfe erst die Gefahr grenzüberschreitender italienischer Karabinieri gebannt werden konnte. Seit 1949 und nach dem Erlöschen des Zweiten Weltkrieges regt sich im Tal eine große Baufreudigkeit und den mit Zähigkeit und Fleiß angestrebten Aufschwung im Fremdenverkehr vermochten auch die Hochwasserkatastrophen der Jahre 1965/66 nicht zu bremsen.

Das Tiroler Gailtal heute:
Bald nach Tassenbach, 7,5 Kilometer von der Staatsgrenze, windet sich die gutausgebaute Bundesstraße auf die hochgehobene Talsohle hinauf, wo uns nach 4,5 Kilometer die malerische Ortschaft Kartitsch empfängt; etwas weit gestreut sind die aufgeräumten Häuser um die gotische Pfarrkirche, die 1386 dem St. Leonhard geweiht und auch Schimmelkirche genannt ist. Erzählungen enthüllen, daß der letzte Görzer Graf Leonhard selbst mit seinem schneeweißen Roß Steine zum Kirchenbau herangeschafft haben soll. Die älteste Kirche des Tales grüßt von St. Oswald, 1364 m, einer idyllischen

Hangsiedlung am Westende des Dorfberges herab, und sehenswert sind in der Knappenkirche die Madonna im Rosenkranz und Fresken, die aus dem 15. Jahrhundert datieren. Das Ortsbild verändert seit einigen Jahren mit breitgerodeter Waldabfahrt der Dorfberg-Schlepplift. Gegenüber von St. Oswald und jenseits der in einer Schlucht sich vertiefenden Gail liegt auf einer schmalen Hangleiste Hollbruck, 1360 m, mit einer traditionsreichen Wallfahrtskirche.

Gailaufwärts steigt das Tal auf das weitflächige Moor der Tannwiese an, wo am Kartitscher Sattel, 1526 m, die Wasserscheide und der Straßenscheitel erreicht sind. Schon etwas vorher erlaubt das Erschbaumer Tal über die Waldwogen den Blick auf die schönsten Gipfel im Karnischen Hauptkamm, auf die stolze, felsgebaute Königswand, oder auf den ihr ebenbürtigen Großen Kinigat, über dessen Haupt der großartige Friedensweg verläuft. Wir folgen nun der Unteren Gail, die schattseitig das Tal durchrinnt, die auf Uferwegen den vielbeachteten Grenzland-Wanderweg lenkt und im Winter die mit 50 Kilometern durch das ganze Tal sich streckende Langlaufloipe. Wir erreichen die saubere und sehenswerte Ortschaft Obertilliach, die von sonnseitigem Hangkegel aus das unvergleichbar schöne Tilliacher Feld vor den Haustüren pflegt. Mit leichtem Gefälle neigt sich das große, von Straße und Gailfluß gesäumte Wiesenareal der Morgensonne zu. Im munteren Verband stehen ungezählte Heuhütten im Grün und wirken klein und verspielt, wenn zweimal im Jahr Reiter und Hiefler die Frucht des Feldes tragen. St. Helena und St. Nikolaus, zwei Feldkapellen, gelten inmitten der gesegneten Flur als älteste Heiligtümer des oberen Lesachtales.

Nach Süden offen und bis zum breiten Felsgipfel der Porze einsichtig streckt sich das Obertilliacher Tal von Obertilliach bis zur italienischen Grenze und schließt mit der Porzescharte ab. Heute überspannt eine E-Leitung die Scharte, über die in vergangenen Jahrhunderten viel Holz geschleift wurde. Neu errichtet wurde 1976 die Porzehütte, die 1983 erweitert und durch eine Straße erschlossen worden ist. Der Wunsch, die Verkehrsverbindung über das Tilliacher Joch fortzusetzen, ist auch heute noch lebendig: eine „Traumstraße", die über alte Grenzzwistigkeiten hinweg Zusammenarbeit und gutnachbarliche Beziehungen der Gebiete südlich und nördlich der Karnischen Alpen verwirklichen sollte.

Untrennbar mit Obertilliach verbunden ist das weitläufige Wander- und mit Liftanlagen ausgebaute Schigebiet am Golzentipp, auf dessen sanften Rücken und Kämmen auch der Gailtaler Höhenweg vom Kartitscher Dorfberg bis in die mit geschützten Blumen übersäten „Vorgärten" des Eggenkofels leitet.

Auf unserer weiteren Fahrt talabwärts besuchen wir Untertilliach, das geschichtlich mit Obertilliach viel gemeinsam hat und mehr als dieses durch die Grenznähe zu Kärnten geprägt ist. Seit 1710, im Wüten der österreichischen Pestjahre, wurde an der Grenze ein Wachthäusl erstellt und bis 1914 mit Söldnern besetzt. Für Transporte wurde eine Maut eingehoben und während der Cholera, die 1831 in Kärnten verbreitet war, jedes eingeführte Stück Vieh gewaschen und sämtliche Waren geräuchert. Die Wacht ist heute ein bekanntes Einkehrgasthaus und Endpunkt des Tiroler Gailtales an der Schwelle zum benachbarten Bundesland.

Der Gailtaler Höhenweg führt am Breitenstein vorbei, wo ein aussichtsreicher Rastplatz uns allein gehört.

Am Gailtaler Höhenweg
Mit der südlichen Sonne unterwegs

56

In den Morgenhängen des Golzentipps kreuzen sich Sesselbahn und Schlepplifte, auch der Fahrweg endet vor der Haustür der Conyalm; rundum blühende Bergwiesen und ein Stück höher der kreisrunde Jochsee. Hier teilt sich der Gailtaler Höhenweg, die belebte Alm hinter sich lassend, in einen West- und Ostast.

Folgen wir zuerst dem bekannteren Weg auf den Golzentipp und weiter zum Dorfberg. Der markierte Steig führt am sterbenden Hüttenverband der Kutteschupfen vorbei, unter deren abgeschienenen Gebälk seit Jahren kein Heu mehr eingebracht worden ist. Wind und Regenschauer haben ungehindert Zutritt und üble Visitenkarten hinterlassen. Schon nah ist das Gipfelkreuz am Golzentipp, das die Jugend von Obertilliach im Schnittpunkt von Großglockner, Hochgall und den Karnischen Alpen im Süden aufgestellt hat. Drei Kilometer lang ist der Bergkamm bis zum sichtbaren Kreuz am Dorfberg, unbeschwerlich und genußvoll. Dort, wo wir nach erfolgtem Abstieg vom Dorfberg in den Wald eintauchen, ist der mit 11 numerierte, am Waldkamm verbleibende Weg richtig, der später mit der übergrünten Skiabfahrt in St. Oswald einmündet.

Kehren wir noch einmal zum Jochsee zurück, um den Schritt entgegengesetzt zu lenken, zum Ostteil des Höhenweges nordwestlich zur Morgenrast, einem mit weichem Flaumhaar überdeckten Rasensattel. Am Breitenstein vorbei übersteigt der Wiesenpfad zwei grüne Kammerhebungen, ehe er zum Gontrunsattel niedersinkt, auf dem eine Pfütze wie ein Silbertaler in der Sonne glänzt. Ein breiter Weg hinab zum Ochsengarten will uns versuchen, trotzdem entscheiden wir uns für den spürbaren Anstieg zur Tamerlanhöhe. Eine Stelle ist am felsdurchsetzten Rasenkamm von einem tiefen Spalt gelockert, hier bereiten Frost und Nässe einen riesigen Bergsturz vor. Im faltigen Südgehänge des Eggenkofels überspringt der Steig einige Geröllrinnen, ehe am Gumpedallsattel mehrere Bergziele die Wahl nicht leicht machen. Eine gelb-weiße Markierung lockt auf den Eggenkofel-Westgipfel. Kaum mehr als ein Trittpfad durchmißt die steile Rasenfläche. Er erreicht den felsigen Kamm und erfordert insgesamt Trittsicherheit. Vom Gumpedallsattel absteigend, endet die Rundtour beim Ochsengarten, einem umzäunten kleinen Haus, wo wir vor dem Heimgang durch das Gärbertal den Durst löschen.

Wegverlauf in Kurzfassung

Der hoch bewaldete, mit harmonischen Rasenköpfen gerundete Westkamm der Lienzer Dolomiten wird im Norden vom Pustertal, im Süden vom Tiroler Gailtal begrenzt. Der landschaftlich hervorragende Höhenweg teilt sich im Bereich des Golzentipps in einen West- und Ostast auf.

Der Westteil des Gailtaler Höhenweges, 3–4 Std.

Ca. 500 m außerhalb des östlichen Ortsrandes von Obertilliach zweigen wir beim Hinweis „Conyalm" links, bergseitig ab. Wir fahren in den Ortsteil Rals und verbleiben auf dem mit 44 bez. breiten Waldweg (7 km). Auf halber Strecke zweigt die mit 43b numerierte Zufahrt zum Ochsengarten ab, während wir der Conyalm (Jausenstation) im Bergwandergebiet Golzentipp zusteuern (Sessellift von Obertilliach). Zum Golzentipp, ¾ Std., steigen wir links der obersten Schleppliftrasse auf Bergwiesen empor, vorbei am kreisrunden Jochsee, 2261 m, und knapp oberhalb der Kutteschupfen entlang. Vom Golzentipp, 2317 m, zum Dorfberg, 2114 m, streckt sich ein grüner Kamm mit gerundeten gutmütigen Erhebungen und sanften Senken (ca. 3 km, rot-weiß-rot markiert, Nr. 30 und 229). Wo wir wiederum in den Wald eintauchen, meiden wir den rechts abzweigenden Weg. Wir bleiben am Waldkamm (Nr. 11) und erreichen später im Bereich des Dorfbergliftes St. Oswald. Auch in umgekehrter Richtung, mit mehr Steigung, möglich.

Der Ostteil des Gailtaler Höhenweges, 3–4 Std.

Den Ausgangspunkt verlegen wir entweder in den sog. Ochsengarten (Zufahrt 43b) oder zur Conyalm, 2050 m. Von der Conyalm führt uns die Markierung zum Jochsee, 2261 m, zur Morgenrast, 2108 m und über den Kofelspitz, 2185 m (bez. 30), bis zum seicht eingeknickten Gontrunsattel, 1953 m, ¾–1 Std. Auf breitem Weg könnte man von dort ins Windischtal und zur Jausenstation Ochsengarten, 1704 m, absteigen, ¾ Std., wenn wir der Höhenwanderung über das Satteleck, 2206 m, und die Tamerlanhöhe, 2377 m, ¾ Std., nicht den Vorzug geben. Nach dem aussichtsreichen Kamm sucht der Steig (blau-weiß) den Gumpedallsattel (3 Std. von der Conyalm), der folgende Ziele ermöglicht: nordöstlich in 1 Std. auf den Westlichen Eggenkofel, 2573 m (Buch), südlich zum Steinrastl, 2184 m, oder westlich der Abstieg zurück in den Ochsengarten, ¾ Std.

Sonnige Wanderung, besonders eindrucksvoll im Herbst.

Via della pace – Weg des Friedens

57

Der Mord von Sarajewo löste den 1. Weltkrieg aus, wenngleich die tieferen Ursachen in das 19. Jahrhundert zurückgreifen und in den Bevölkerungs- und Wirtschaftsproblemen der meisten europäischen Staaten wurzelten. Bündnistruppen standen sich überall in Europa gegenüber und das Völkermorden brandete mit dem Kriegseintritt Italiens am 23. Mai 1915 auch über Österreich hinweg. Umkämpft waren Österreichs Gebiete im heutigen Oberitalien, die die Italiener für sich beanspruchten. Nach geringen Anfangserfolgen des angreifenden Nachbarn behauptete sich das österreichische Heer von 1915 bis 1917 in den Schlachten am Isonzo, konnte 1917 diese Front durchbrechen und die Italiener bis zur Piave zurückwerfen. Später zum Rückzug gezwungen, erstarrte der Stellungskrieg im Bereich der Kaiserjäger- und Standschützenfront am Karnischen Hauptkamm, der viele Opfer, grausame entbehrungsreiche Winter, doch letztlich die Sicherung des heutigen österreichischen Südraumes mit sich brachte.

Den Weg des Friedens wollen wir in vier Tagesetappen teilen, damit Zeit auch für seine Höhepunkte bleibt: Etwa für den Gipfel des Großen Kinigats, der als breite Burg den Kamm beherrscht, das Europakreuz trägt und ein herrlicher Berg im Bunde seines kleineren Bruders und der formschönen Königswand ist. Oder für einen bedachtsamen Augenblick auf breitwürfig hingestreuten Halden, denen wir im Abendlicht begegnen, durchwirkt mit gelbem Mohn und buntem Steinbrech. Vielleicht bleibt Zeit, früh am Vormittag den Porzegipfel zu besteigen, wenn die Sonne die Schatten aus den Tälern treibt, oder Zeit für die vergessene Welt auf den Luggauer Böden und auf einer einsamen Alm jenseits des Öfner Joches. Ein Stück außerhalb der Osttiroler Grenze sei erlaubt, dem Karnischen Kamm zu folgen, denn noch einmal erhebt sich der Bergkamm mit kühnem Aufbau und großzügiger Felsarchitektur; dort, wo zwischen himmelhohen Wänden und Felspfeilern der Wolayer See und die Eduard-Pichl-Hütte eingebettet liegen, wo spät im Herbst die Lärchen auf den kalkreichen Böden der Wolayer Alpe brennen und inmitten derber Schutthalden liebliche Rasenpölster sich als glückliche Inseln behaupten. Bei der Gipfelglocke auf der Hohen Warte wollen wir den Weg des Friedens beenden – einen Weg der Jugend und der im Herzen Junggebliebenen, der besser ist als der Weg der Massen, der voll Hektik ist und niemals auch nur ein Wort vom großen Abenteuer am Berg erzählt.

Ein Abenteuer, für das wir dem Initiator, Herrn Oberst Walter Schaumann, zu Dank verpflichtet sind.

Erste Tagesetappe
Von Arnbach zur neuen Sillianer Hütte und weiter zum Obstanser See

Wollen wir den Friedens- oder Südalpenweg 403 von Beginn an ohne Aufstiegshilfen, aus eigener Kraft erwandern, dann führt uns der Ausgangspunkt nach Arnbach, dem letzten kleinen Ort zwischen Sillian und Staatsgrenze. Vom Gasthof Pranter sind es nur wenige Schritte zur Bahnunterführung und zum reich verästelten Kastanienbaum mit erstem Wegweiser nach rechts in Richtung Forcher Kaser bzw. Füllhorn. Eine halbe Stunde später ist bei einer Weggabel der linke Ast zu wählen. Schon hoch im Fichtengehänge blickt verstohlen ein Holzhaus aus dem Waldraunen, das windbewegt zum erhabenen Rauschen schwillt. Vielleicht möchte uns die Stimme des Waldes auf die nächste Abzweigung nach links und den markierten Steig aufmerksam machen, der bergwärts über Lärchenhänge ansteigt. Die Sonntagsstimmung des Waldes schenkt lichtvolle Einblicke in sein zauberhaftes Reich: da im Moos und Heidekraut stehende Quellen und feierlich ernste Zirben, dort sonnenhelle Lärchen am munteren Bach oder neben verschwiegenen aschgrauen Blöcken.

Hoch über uns ist inzwischen das Helmhaus sichtbar geworden, und nach 90 Minuten Anstieg dürfen wir die Wegteilung nicht übersehen. Nach links zweigt ein steiniger Pfad zum Heimkehrerkreuz auf der Schützenmahd ab, mit Bänken auf felsiger Anhöhe, wo dem „Dona nobis pacem" auf rissigen Kreuzbalken nur der Menschen guter Wille hinzuzufügen ist. Bei der vorher erwähnten Steigteilung halten wir uns etwa 40 Minuten geradlinig zum Kamm empor, bis zur Rechten in 20 Minuten das Helmhaus, zur Linken mit gleichem Zeitaufwand, die neue Sillianer Hütte oberhalb des wasserspendenden Füllhornsees erreicht werden kann.

Auf die Kammwanderung zur Obstanser-See-Hütte dürfen wir uns freuen. Der kurze, unschwierige Anstieg auf den Hochgrubengipfel ist von prächtiger Fernsicht begleitet und führt in eine wunderschöne Kammlandschaft hinein. Grüne Berge breiten sich mit sanften Mulden vor uns aus, die nicht

selten ein Tümpel als Ruhekissen nützt. Hornischeck nennt sich die nächste Erhebung, etwas fremd und knapp unterhalb seines Gipfels finden wir betonierte Kavernen aus den Zeiten des Krieges, die zu bewohnen weder im Sommer noch im Frieden ein Vergnügen wäre.
Der nächsten Kammsenke liegen die Hollbrucker Seen nördlich vor und die kreuztragende Hollbrucker Spitze entragt aus einem Seitenast des Hauptkammes. Eine weißgelbe Markierung verleitet zu einem halbstündigen Abstecher auf die leicht ersteigbare Hollbrucker Spitze.
Kehren wir wieder auf den Hauptkamm zurück, der im stumpfen Winkel nach Süden schwenkt und zum Hochgräntenjoch mit See und massiv umfriedetem Kriegerfriedhof absinkt. Fünf Gräber sind mit Eisenhut, der blau in Blüte steht, dicht überwachsen und weit offen ist der Blick nach Süden. Die Spuren des Ersten Weltkrieges sind auch auf der folgenden Demutspitze spürbar, birgt doch der Gipfel eine geräumige, rundbetonierte Kaverne, die nur von zwei eisenumfaßten, nach Süden gerichteten Schießlöchern verraten wird. Der „Einstieg“ liegt nördlich, 10 bis 12 Meter unterhalb der Spitze, und kann 4 Personen Einlaß und Aufenthalt gewähren. Der weitere, stets die Grenze zu Südtirol bildende Karnische Kamm ist von verfallenen Stellungsbauten und faulenden Holzplanken geprägt, die wir auch auf der wenig auffallenden Schöntalhöhe und auf den beiden Gipfeln des schrofigen Eisenreichs finden. Vor der Kammwende zur Cima Frugnoni lenkt eine Wegtafel östlich über Rasenrücken und Schafweiden zur Obstanser-See-Hütte hinab, die am Nordrand des großen blockumfaßten Sees liegt. Mit der späten Sonne kommen wir dort an, die noch eine Zeitlang den See erhellt, bevor die Dämmerung zuerst im Tal den Tag besiegt.

eine Zeitlang den See erhellt, bevor die Dämmerung zuerst im Tal den Tag besiegt.

Zweite Tagesetappe
Auf alten Frontsteigen und über sonnenhelle Kalkgipfel

Bevor wir die Obstanser-See-Hütte verlassen und den Weg in Richtung Porzehütte einschlagen, treten wir noch einmal an das Ufer des Sees, der so still ist, daß selbst sein Abfluß sich heimlich in unterirdischen Gängen davonmacht. Erst auf dem tieferliegenden herrlichen Bergtrog stürmt er wild zutage und verrät, daß der Berg voll unergründlicher Höhlen ist. Zu den größten zählt die Eishöhle, die 20 bis 30 Minuten unterhalb der Obstanser-See-Hütte in steiler Felswand liegt. Südlich des Sees ist am Berghang ein Soldatenfriedhof angelegt, über dem die Pfannspitze aufragt, die ein angenehmer „Hausherr" der Obstanser-See-Hütte ist. Auf diesen Berg hinauf ist uns die Sehnsucht vorausgeeilt und lange darf man dort in die Weite der Bergwelt schauen, bis der bleierne Himmel mit dem Grau der Ferne eine Einheit bildet.

Der Zugang zur Pfannspitze ist auf zwei markierten Steigen möglich: Der eine führt rechts um den See und in einer halben Stunde südlich zum Obstanser Sattel; der andere geht östlich der Hütte durch ein steiles Geröllkar und verschmilzt vor dem Gipfel mit dem SW-Grat. Der Abstieg von der Pfannspitze vollzieht sich auf teils steinernen Treppen und führt in der Folge über einige begrünte Kammhügel und vereinzelte felsige Klippen zum hellgrauen Bergfuß auf bleiche Halden

← Obertilliach mit schmucken Kapellen und vielen Heuschupfen.
→ Das Hochgräntenjoch – ein im Ersten Weltkrieg heißumkämpfter Boden.

des Kleinen und Großen Kinigat. Auch die formschöne Königswand wird südseitig auf italienischem Territorium umschritten, bis wir am Filmoorsattel etwa 10 bis 15 Minuten zur Standschützenhütte östlich absteigen.
Der von der Obstanser-See-Hütte auf österreichischer Seite führende Friedensweg erklimmt das Roßkopftörl und vergibt wertvolle Höhenmeter im Abstieg zur Tscharrehütte im Erschbaumer Tal. Am schattigen Felsfuß des Großen Kinigat erreichen wir über den Hintersattel die Standschützenhütte auf der Filmoorhöhe.

Das Europakreuz am Großen Kinigat

Zweimal sind wir bereits am Fuß des Berges gewandert, ohne uns seiner näheren Bekanntschaft zu erfreuen. Bei günstiger Witterung läßt sich ein Gipfelstück leicht in die uns gestellte Tagesetappe einbinden. Der etwas sportlichere Westanstieg verläßt den südseitigen Friedensweg bei steingefügten Stellungsbauten zwischen Kleinem und Großem Kinigat. Eine gelbweißgelbe Markierung und teilweise ein Stahlseil leitet im Zickzack 20 bis 30 Minuten empor, bis im nördlich abgedachten Gipfelkar alte Kavernen und das stattliche Gipfelkreuz erreicht werden. Für ein gemeinschaftliches Europa in Frieden und Freiheit wirbt das Kreuz seit dem 4. August 1979, von soliden Kettengliedern gehalten trotzt es den Stürmen.
Den Abstieg über die Südseite finden wir etwa 100 Meter westlich des Gipfels bei gelbgrauem Felsschutt. Ein Stahlseil verläuft über eine Geröllrampe hinab, die im Blockkar ausmündet. Der Steig führt zum rasenbedeckten Filmoorsattel und in 10 bis 15 Minuten zur Standschützenhütte mit erfrischendem Wasser, das ein originell gestalteter Brunnen aus geheimen Adern der stolzen Königswand saugt. Zum Oberen Stuckensee, einem Landschaftsidyll im Leitnertal, steigen wir über das sogenannte „Filmoor“ ab, eine Geländebezeichnung, die alt und von zahlreichen Kleinmooren beeinflußt worden ist. Ein Steinpferch am blocküberladenen Ostufer des Sees mag einmal Teil einer Alm gewesen sein, aus einer Zeit, in der die grünen Weidehänge des Leitnertales angeblich in einer furchtbaren Notzeit für einie Laibe Brot an Kartitsch abgetreten worden sind. Der Steig durchmißt den Westhang des Heretriegels, auf dem ein scharfkantiger Blockwürfel liegt, der an das verlorene Spiel, die verpfändeten Wiesen der Leitenbauern, erinnern mag. In dem von der Porze beherrschten Obertilliacher Talschluß folgen wir dem Steig durch das Roßkar bis zu einem E-Masten, von dem sich der Steig in Kehren abwendet. Im staudenbewachsenen gegenüberliegenden Talhang erwartet uns die Porzehütte.

Die Königswand und das Kreuz am Großen Kinigat prägen für Stunden den Weg des Friedens.

Die Porze, Cima Palombino, ein Gipfel abseits des „Via Alta Carnica“

Südlich der Porzehütte muß man die steingemauerten Kehren eines Frontweges zum Tilliacher Joch ansteigen und auf italienischem Staatsgebiet einer weißgelben Markierung folgen. Ein kurzes Stück führt eine etwas ramponierte Militärstraße, ehe ein roter Pfeil rechts in kupiertes Hanggelände und in Südrichtung zum Bergfuß der Porze weist. Eine Geröllrinne ist nach links zu queren und ein Stahlseil kann im Felsbereich als Handlauf genützt werden. Nirgends erwartet uns nennenswerte Kletterei. Auch oberhalb einer Richtungstafel nicht, wo im gratartigen Fels einige Eisenklammern stecken und wenig später der bogige Bergkamm etwa 800 Meter östlich des Gipfels betreten wird. Hervorragende Aussicht begleitet uns am begrünten Schlußteil zum höchsten Punkt, unterbrochen von kurzen Felspassagen und wassergefüllten Kavernen. Das einfache Kreuz wirkt zerbrechlich zwischen großen Gesteinen und mag aus Zeiten stammen, in der der Grenzverlauf über den Gipfel strenger als heute bewacht worden ist. Der Abstieg erfolgt über den Westkamm, der südseitig rasenverwachsen, sonnig und knapp unterhalb des Kammes gut gangbar ist. Nach etwa 20 Minuten schwenken wir auf die Nordseite des Kammes und in eine schluchtartige Geröllrinne ein, die bis ins Kar hinunterreicht. Ein wenig spürt man den Gegenanstieg zur Porzescharte, auf der eine Madonna, Symbol des Friedens, und stilfremd protzige Masten stehen, die mit surrenden Drähten in die Täler greifen.

Dritte Tagesetappe
Durch das Hirtenland zum Hochweißsteinhaus

Der Friedensweg läßt auf diesem Abschnitt bis zum Luggauer Törl zwei Varianten zu, wobei die kürzere, meist am Kamm verbleibende Route italienisches Staatsgebiet berührt. Beide Wege führen durch das „Hirtenland“ über die hochgelegenen Weiden am Winkler Joch und den Luggauer Böden. Dort kann es einmal passieren, daß italienische Hirten völlig „übersehen“, wenn Herden weißwolliger Schafe – due mila – auf österreichisches Gebiet wechseln und hungrig über die fetten Gräser herfallen.
Die zauberhafte Felswildnis der Porze, die noch bei der gleichnamigen Hütte spürbar ist und uns auf das Tilliacher Joch hinauf nachfolgt, schafft eine eigene Stimmung, von der auch der Wanderfreund am Friedensweg erfüllt ist, wenn er auf alten Frontsteigen durch das gedämpfte Licht des Morgens schreitet und im stillen Kar

der stummen Geschichte einer verfallenen Kaverne lauscht.
Das Tilliacher Joch verbindet mit dem „Val di Dignas", einem waldreichen Tal zu unseren Füßen, während der markierte Steig sich linkshaltend emporschwingt und über die grünen Kuppen des Bärenbadeckes, nach der Kesselscharte, die Erhebung des Stollens sowie die Reiterkarspitze mit einfachem Gipfelzeichen erreicht. Das zurückgelegte, etwa zweistündige Wegstück ist unschwierig, nur von kurzen, felsigen Stellen unterbrochen und von herrlichen Dolomitengipfeln im wolkenumrandeten Süden begleitet. Am Saum der Höhen liegt nah die kleine Reiterkarhütte und südlich davon das Winkler Joch, wo wir in einem feuchten Betonbunker eine Schatulle mit dem Wanderstempel aufstöbern. Ein vor uns längsgerichteter Kammgipfel kann beidseitig zur Mooserscharte begangen werden, ein verwittertes Holzkreuz ist neben einem dünnen Wasser und einem trägen Moor errichtet.
Die folgende Erhebung des Gamskofels ist südseitig durch eigenwillige „Felsgärten" bequem umgehbar, kann aber auch lohnend bis zum Hochspitzjoch überschritten werden.
Der Hochspitz, ein markanter Leitgipfel im Karnischen Kamm, empfängt den Wanderfreund auf einem Kehrensteig im Südgehänge oder auf gelbweiß markierter, anspruchsvollerer Route am Nordrücken.
Der Friedensweg auf italienischer Seite umgeht vom Hochspitzjoch aus den Gipfel südlich und auch die versteckten Kavernen, die Vogelnestern gleich in steilen Wänden kleben. Stacheldraht liegt rostend im Kar, und manchmal dröhnt dumpf und hohl der Schritt, wenn wir über unterirdische Gänge schreiten. Der Steig verläuft zügig zur Steinkarspitze und leitet oberhalb der landschaftlich schönen Luggauer Böden bis knapp vor die Torkarspitze, aus der mehlfarbenes Gestein bricht und nördlich zu einer hellen Geröllhalde streut. Über sie hinweg und im leichten Gefälle gelangen wir zum Luggauer Törl mit trübgrünem Tümpel, dessen Größe die Sommergewitter bestimmen. Der Abstieg in das Frontal kann entweder zur Ingridhütte erfolgen oder zeitsparender auf der Westseite des Talschlusses direkt dem Hochweißsteinhaus entgegen, wobei die Steigteilung etwa 20 Minuten unterhalb des Luggauer Törls zu beachten ist.
Der Friedensweg auf österreichischer Seite holt weiter aus, er führt über vier Bergkämme und durch fünf Taltröge zum Hochweißsteinhaus und verläßt die Porzehütte in nördlicher Richtung. Nach etwa 1,5 Kilometer erreichen wir den Bach aus dem sogenannten Kessel und steigen den großen Westhang zur Berger Alm hinauf. Mehr als 500 Höhenmeter mißt der Anstieg auf den Südkamm des Spitzköfele, wo eine Rast gut in das Konzept unserer Tagestour paßt. Im ostseitigen Berghang ist die Steigteilung zu beachten und dem rechts weiterführenden Steig zu folgen, der zur einsamen Hirtenhütte im Obernkar führt. Das romantische Plätzchen mit feuchtem Grund ist hüfthoch mit stattlichem Alpendost verwildert, und Weißer Germer siedelt am Rand der üppigen Staudenkulturen. Die Sumpfdotterblume hat ein schmales Revier beim stehenden Wasser für sich erkämpft und verleitet zu stummer Zwiesprache mit dem Bergkar, bis helles Glockengeläute aufhorchen läßt, das uns der Wind von den Almen im Rollertal zuträgt. In östlicher Richtung leitet ein Rasentälchen auf den Nordrücken der Reiterkarspitze hinauf, und 30 Minuten trennen von der kleinen, noch vor dem Winkler Joch gelegenen Reiterkarhütte. Uns bleibt ein empfindlicher Abstieg in das Winkler Tal nicht erspart zum erlenumhüllten Bachlauf. Noch verbergen wettergewöhnte Lärchen den Steig, der in vegetationsarmen Höhen der Hochspitzwestflanke lange spitzwinkelige Kehren zeichnet und zum sonnigen Hochspitzjoch am Karnischen Kamm ausgreift. Die dem österreichischen Gebiet treue Variante des Friedensweges umläuft den Hochspitz nördlich und mündet in einem länglichen Hochkar mit rasenumfaßten Gesteinstrümmern ein, die auch das Bild um das saubere Mitterkarbiwak bestimmen. In dieser unbewirtschafteten kleinen Hütte ist bei Tisch und acht engen Lagern ein anspruchsloser Verbleib geboten, wenn uns nach einer Nacht mit funkelndem Sternenhimmel in einem stillen Erdenwinkel zumute ist. Genügt uns eine Rast und ein Schluck Wasser bei der nahen, blau-markierten Quelle, dann vertrauen wir einer alten Kriegsspur, die aufwärts ins Mitterkar und auf den Rücken südlich der Zererhöhe führt, zum westlichen „Eingang" ins Reich der Luggauer Böden.
Dieser hochgelegene Rasen- und Tümpeltrog hütet die kleine Bödenhütte gleich neben einem Soldatenfriedhof und wird südseitig von der Torkarspitze, den „zerbröckelten Weißen Lungen" und der Steinkarspitze begrenzt. Letztere gilt als „Dreiländerspitze", die nicht nur zu Italien, sondern auch zwischen Kärnten und Osttirol grenzziehend ist. Grün verwachsene, vernarbte Kriegspfade durchmessen die Luggauer Böden im obersten Abschluß des Ebner Tales und leiten an mehreren Stellen auf den nahen Scheitel des Grenzkammes hinauf; im zerklüfteten Gemäuer der „Stellungen" hat ein Hermelin sich eingenistet, dessen feurige Knopfaugen schräg im Samt des braunroten Pelzes sitzen. Die felsgrauen Kare am Fuße der Torkarspitze sind noch immer eine Fundgrube alter Kriegsrelikte. Dünnes Leder, verrostete Gürtelschnallen oder gedrechselte Holz-

sprossen verrotteter Strickleitern finden wir, auf denen die Kaiserjäger einst durch vereiste Wände emporgestiegen sind. Da ziehen wir lieber den unbeschwerlichen Spaziergang zum Luggauer Törl vor, das den schnellsten Zugang zum Hochweißsteinhaus erlaubt.

Vierte Tagesetappe
Via Alta Carnica – jenseits unserer Bezirksgrenze zum Wolayer See

Wer es eilig hat, wähle die kürzere „Südstrecke", die vom Hochweißsteinhaus östlich gegen das nahe Öfner Joch und auf italienisches Staatsgebiet führt. Vom Joch, mit farblosem Tümpel, auffälligem Kriegerstandbild und einem bescheidenen Marterle, reicht die überraschende Fernsicht bis in den Felsbereich um die Hohe Warte, während halblinks die leicht ersteigbare Raudenspitze mit zyklopischen Blöcken und Rasenbänken aufragt. Der markierte Steig führt vom Joch geradlinig östlich hinab, an mühsam geschlichteten Steinmauern und später bei Lärchen mit knollig angeschwollenen Wurzeln vorbei. Knapp zwei Stunden sind wir unterwegs, wenn wir in einem schütteren Lärchenwäldchen vor eine italienische Alm mit vieltürigen Stallungen treten; das eigenwillige Haupthaus steht wie ein Pfahlbau auf kantigen Steinsokkeln. Wir wandern nun in eine starke wellige Landschaft mit felsigen Waldkuppen und schmalen Geländefurchen hinein, aus denen am Morgen federleichte Nebel steigen und nach der Sage ein Berggeist wohnt, der in vielerlei Gestalt dem Wanderer erscheint, den Armen hilft und sich an den Spöttern rächt. Wenig später dringen wir in einen Fichtenwald ein und erreichen nach kurzem Gefälle einen mit Talsperren verbauten, steilen Hangbach und einen breiten Weg, der mit einer Kehre bei der nächsten Alm endet. Sie ist verlassen, eifersüchtig von geräuschlos fliegenden, den Tag scheuenden Eulen bewacht, seit das hohe Wetterkreuz im Sturm gebrochen ist. Ein sterbendes Refugium, wo uns nichts hält und auch der Weg sich in östliche Richtung schnurgerade davonmacht. Das blockbedeckte Rasentälchen, in dem ein erdiges Bächlein gluckst und drei rostfarbene Steinhaufen zusammengetragen worden sind, verflacht auf einem unbenannten Rasenjoch.

Ein schöner Rastplatz bietet sich 50 Schritte unterhalb bei einem birnenförmigen See an, in dem ein dreikantig aufragender Berg und quellige Wolken spiegeln. Sumpfgras flüstert im lauen Wasser, und auf nahgelegenen Anhöhen wacht ein Mahnmal. Wir überqueren eine hellgraue Geröllhalde und erreichen am Südfuß der Kreuzleithöhe den Zusammenschluß der beiden großen Steigvarianten; die Einbindung des österreichischen Friedensweges in unseren „Südast". Nur noch eine blockbewehrte Mulde trennt vom Giramondopaß und vor dem großen Abstieg zur Oberen Wolayer Alm mit abschließendem Anstieg zur neu ausgebauten Eduard-Pichl-Hütte am Wolayer See.

Bedeutend länger ist der Friedensweg auf österreichischer Seite, der vom Hochweißsteinhaus mit einem unerfreulichen Abstieg zur Ingridhütte einleitet. Noch ein Stück muß man durch das Frontal hinaus, bis etwa 400 Meter unterhalb des beschrankten Autoabstellplatzes ein markierter Pfeil nach rechts über den Bach weist. Üppige Staudengehänge und aufsteilende Fichtenwälder umschließen uns und den Steig, der über das Raudenbächlein führt, weit nördlich ausholt und auf den noch baumbestandenen Bergkamm zwischen Raudenspitze und Gemskofel geleitet. Jenseits senkt sich ein Kehrenpfad auf eine Hangterrasse, der sogenannten Schreibachhöhe, hinab und weiter in den Talschluß der Obergail mit kleinen hingestreuten Heuhütten. Direkt beim Bach ist eine Tafelpyramide auf einen Steinblock gehoben und teilt Rat nach allen Richtungen aus. Streifen Regenschauer und graues Gewölk über den Bergspitzen, dann empfiehlt sich der Abgang nach Liesing ins Kärntner Gailtal, empfängt uns die Heiterkeit eines Sommertages, dann folgen wir getrost dem Aufruf in die Ferne.

Erlen und Lärchen säumen den folgenden Anstieg über formenarme Bergböschungen mit ausgetrocknetem Bachbett hinauf; unter der Glut der Sonne leiden mitunter auch die lilafarbenen Waldreben, die dann voll Schwermut sind, wie die alte Hirtenhütte, seit vor Jahren die Tür zum letzten Mal schwer ins Schloß gefallen ist. In der Abgeschiedenheit steigen wir in der Karsohle höher, vorbei an eckigen Gesteinstrümmern, die breit neben dem Steig hocken, der zur Kammhöhe hin noch einmal steil und scharf gewunden ist. Wir haben das Obergailjoch zwischen Letterspitze und Wasserköpfen erreicht, und nun steht uns der Abstieg in den Talschluß mit dem Niedergailbach bevor. Schon bald zieht der Steig in einer weiten Schleife zur gediegenen, in den Berghang geduckten Letterspitzhütte, einer Notunterkunft für Selbstversorger, und zu abseitig gelegener, blau markierter Wasserstelle.

Nicht mehr als ein Trittpfad leitet zur tiefer gelegenen Steinhütte hinab, dort rechts vorbei zu einem Bacharm im Talschluß, wo unmittelbar unser dritter, spürbarer Anstieg beginnt. Zur Rechten fahren grüne, schrofendurchsetzte Hänge bis auf den Karnischen Kamm hinauf. Muntere Bergblumen führen da heroben ein freies Leben. Hinter hochbetagten Steinblöcken erglühen in ihrer Blütezeit die Alpenrosen und begleiten uns 40 Minuten bis zur Wegtafel und Steigteilung hinauf. Von dort geht es rechts auf steingepflastertem alten Kriegsweg, wo früher todbringende Waffen emporgeschleppt wurden, zum Niedergailjoch, etwa 10 Minuten vor dem Giramondopaß, dem Zusammenschluß der beiden großen Wegvarianten. Die landschaftliche Großartigkeit, die scharfgeschnittenen Felsberge, die bereits vom Wolayer See herüber grüßen, vermögen nicht über den zünftigen Abstieg hinwegzutäuschen, der nun anschließt. In engen Kehren geht es über steile Schafweiden gut 20 Minuten hinab, dann weist ein roter Holzpflock nach rechts über einen schmächtigen Graben. Lärchen und mannshohe Latschen saugen den Steig auf, der nach Süden ausholt und sich auf einer Blockhalde wieder befreit. Nicht mehr fern ist die baumumstellte Obere Wolayer Alm, in deren wuchsfreudiger Mitte sich Hütte und Stall viel Übersicht bewahrt haben. Breit ist der weiterführende, aus dem Wolayer Tal aufsteigende Weg, der noch die Hürde einer schütter baumbewachsenen Felskuppe nimmt; aus einer bachdurchzogenen Senke bewältigen wir in fünf großen Kehren den Schlußanstieg zum Birnbaumer Törl und zur schmucken Eduard-Pichl-Hütte mit herb gemeißeltem Kriegsstandbild, einem Obelisk aus rotem Stein, zwischen Seekopf und Hoher Warte.

Den *Ausklang* auf dem von uns gewählten Abschnitt des Friedensweges suchen wir auf der Hohen Warte, der höchsten Erhebung des Karnischen Kammes, und es ist kaum zu glauben, daß durch die Nordwand ein nahezu einfacher „Weg" bis zum Gipfel führt. Im Gegensatz zum felsgrauen, einsamen Nordanstieg ist der vielbesuchte Normalweg, der auf der Südseite des Wolayer Sees und etwas unterhalb vom Rif. Lambertenghi ansetzt, voll der Sonne ausgesetzt. Der markierte Normalweg überwindet schon am Felsfuß einen steilen, mit Leitern und Seilen versicherten Aufschwung, fährt in einem stark geneigten Westhang fort und umläuft im weiten Bogen das „Riesengebirge" mit seinen Geröllfeldern, felsigen Rippen und grünbesprengten Mulden. Gewaltig ragt gegenüber der Seekopf auf und erhellt sich am Mittagshimmel. Von Süden nähern wir uns im steilen, sonnenheißen Kar auf nackten Felsschrofen dem Gipfel, den wir nach ca. 4–5 Stunden erreichen. Ähnlich lang währt der Nordwandanstieg, der gelbweiß markiert ist und am Valentintörl den Ausgangspunkt hat; ein 642 Meter hoher Fels- und Haldenweg, der verläßliches Wetter und Zeitreserven voraussetzt. Auch auf Steinschlag ist auf diesem Berg zu achten, der in wilder Größe unseren Mut zu stärken oder auch zu mindern vermag.

Auf der Hohen Warte ist eine Glocke in den Fels gegossen, sie klingt hell, und weithin hört man die kleinen Fanfaren der Fröhlichkeit.

Wegverlauf in Kurzfassung

Die hier vorgestellte Strecke des Friedensweges (403) vom Helm bis zur Hohen Warte (rund 43 km) weist fallweise drei Steigvarianten auf, die nirgends ernsthafte Kletterstellen oder Schwierigkeiten bergen. Die Routen führen entweder am Kamm oder als Flankensteig auf italienischer Seite. Im Gegensatz dazu weist der Friedensweg auf österreichischem Boden oft beträchtlichen Höhenunterschied auf. Alle Möglichkeiten will dieser Bericht aufzeigen. Das Begehen italienischer Gebiete ist ohne Ausweispflicht statthaft.

Erste Tagesetappe: Anstieg zur neuen Sillianer Hütte, 2418 m, bis zur Obstanser-See-Hütte, 2304 m, 3–4 Std., 7 km.

Am westlichen Ausgangspunkt steht, aus den Tiefen aller Täler sichtbar, das gesperrte und unbewirtschaftete Helmhaus, 2433 m. Die neue Sillianer Hütte, 2418 m (50 m oberhalb der ehemaligen Viktor-Hinterberger-Hütte, ÖAV-Sektion Sillian), ist mit Aufstiegshilfen von Vierschach (Sessellift), Sexten (Gondelbahn) sowie auf einer Bergstraße von Sillian bis zur Leckfeldalm (Jausenstation) so weit zugänglich, daß die verbleibende Wegstrecke im Schnitt nur noch ca. 1 Std. beträgt. Der Wanderweg von Arnbach ist mit 3½–4 Std. angeschrieben.

Der erste Kammanstieg nach der neuen gastlichen Sillianer Hütte führt in 10 Min. auf die Hochgrubenspitze, 2537 m, ihr folgt das Hornischeck, 2551 m. Die Hollbrucker Spitze (Kreuz), 2581 m, bleibt zur Linken unberührt. Auf sanftem Kamm gelangen wir zum Hochgräntenjoch, 2429 m, 1½ Std. (kleiner Kriegerfriedhof). Der folgende halbstündige Anstieg führt auf die Demutspitze, 2591 m, es schließen daran die Schöntalhöhe, 2634 m, und zwei felsige Gipfel des Eisenreichs, 2665 m.

Der Abstieg zur Obstanser-See-Hütte (Neubau 1981/82) beschließt die erste Tagesetappe. Die Hütte ist von Kartitsch in 3½ Std. zugänglich und ist wie alle nun folgenden Unterkünfte am Karnischen Kamm Eigentum der ÖAV-Sektion Austria.

Zweite Tagesetappe: Obstanser-See-Hütte, 2304 m, bis Porzehütte, 1942 m, ca. 6 Std., 9–10 km.

Beim See und höhergelegenen Kriegerfriedhof vorbei zieht der Steig südlich zum Obstanser Sattel und auf die Pfannspitze, 2678 m, 1½ Std. Der Hauptkamm ist von Ost nach West gerichtet, und der Steig führt am Südfuß des Kleinen, 2671 m, und Großen Kinigat, 2689 m, sowie Königswand, 2686 m, vorbei. Auf der Ostseite der prächtigen Königswand steht die kleine Standschützenhütte, 2020 m, 2½–3 Std. von der Obstanser-See-Hütte;

Im Bereich des Niedergailjochs verzweigt sich der Friedensweg und läßt auch einen Anstieg auf die Kreuzleithöhe zu.

1 Std. länger, wenn der Große Kinigat „mitgenommen" wird.
Wir steigen nun zum landschaftlich schönen Oberen Stuckensee ab, 2032 m, ¾ Std., und über den Heretriegel zur Porzehütte im Obertilliacher Tal. Insgesamt 2½–3 Std.
Die ausschließlich auf österreichischem Gebiet verlaufende Steigvariante verläßt die Obstanser-See-Hütte östlich zum Roßkopftörl hinauf, 2493 m, ½ Std., und fällt über Rasenleiten spürbar zur Tscharrehütte, 1935 m, ins Erschbaumertal ab. Zwischen der felsstraffen Liköflwand zur Linken und dem hohen Felsgemäuer des Großen Kinigat rechts windet sich der Steig zum Hintersattel hinauf und endet mit einem Spaziergang bei der Standschützenhütte auf der Filmoorhöhe, 3–4 Std. vom Obstanser See. Der weitere Weg zur Porzehütte geht aus obigem Bericht hervor. Sie wurde 1976 erbaut, 1983 erweitert und mit einer Straße durch das Obertilliacher Tal erschlossen.
Die Porze, 2589 m, besticht als breiter Felsgipfel im Abschluß des Obertilliacher Tales. Interessanter Anstieg über das Tilliacher Joch, 2094 m, ½ Std., und am „Klettersteig", abschließend über den NO-Grat zum Gipfel, 2½ Std., markiert. Etwas Übung erforderlich. Der Abstieg erfolgt am Westkamm zur Porzescharte, 2363 m, und auf markiertem Steig zur Hütte zurück. Insgesamt 4–5 Std.
Dritte Tagesetappe: Porzehütte, 1942 m, bis Hochweißsteinhaus, 1868 m, 7–9 Std., ca. 13,5 km.
Der kürzere, auf italienischem Staatsgebiet verlaufende Weg 403 setzt am Tilliacher Joch (geregelter Grenzübergang) an, 2094 m, ½ Std. Wir überschreiten die grünen Kuppen des Bärenbadeckes, 2430 m, den Stollen, 2370 m, und die Reiterkarspitze, 2421 m, 2½ Std. Kurzer Abstieg zum Winkler Joch, 2248 m. Nach ebenem Wegverlauf gelangen wir zur Mooser Scharte, 2223 m, ehe über den felsdurchsetzten Gamskofel, 2415 m, das Hochspitzjoch, 2314 m, zu verdienter Rast einlädt, 1½ Std. Der Hochspitz, 2581 m, ½ Std., kann südseitig umgangen werden, es folgt die Steinkarspitze, 2524 m, und die südliche Umrandung der Luggauer Böden. Ans Luggauer Törl, 2226 m, 1½–2 Std., schließt der Abstieg zur Ingridhütte, 1651 m, im Frontal mit spürbarem Anstieg zum Hochweißsteinhaus, 2–2½ Std. vom Luggauer Törl. Von dort ist auch ein direkter Zugang zum Hochweißsteinhaus möglich, 1¼ Std.
Der Friedensweg auf österreichischer Seite durchmißt von der Porzehütte bis zum Hochweißsteinhaus 5 Bergtröge und überschreitet vier Bergkämme, 9–10 Std. Die erste Scheitelstelle erreichen wir auf der Berger Alm, am Südkamm des Spitzköfele, 2276 m, 2 Std., dort steigen wir zu einer Hirtenhütte ins Obernkar im Rollertal ab, 1982 m, 1 Std. Zur nächsten Kammhöhe im Bereich der Reiterkarspitze trennt ¾ Std. Wesentlich ergiebiger gestaltet sich der Abstieg ins Winkler Tal. Ein Kehrensteig erwartet uns zum Hochspitz-„Nordsattel" hinauf, 2–2½ Std., bis im ausfließenden Ostgehänge des Hochspitz das Mitterkar-Biwak, 1974 m, erreicht wird, 1 Std. (Wasserstelle blau markiert, 5 Min.). Über die Zererhöhe, 1¼ Std., gelangen wir ins Reich der Luggauer Böden (Bödenhütte), 2004 m, und gleichsam mit der italienischen Variante über das Luggauer Törl zum Hochweißsteinhaus, 1868 m, 1½ Std.
Vierte Tagesetappe: Hochweißsteinhaus, 1868 m, bis Eduard-Pichl-Hütte am Wolayer See, 1959 m.
a) Die Via Alta Carnica über italienischem Gebiet, ca. 10 km, 6–7 Std., beginnt mit einem halbstündigen Anstieg vom Hochweißsteinhaus zum Öfner Joch, 2011 m, mit anschließendem Abstieg zu einer italienischen Alm (Cra. Fleons di sotto), 1571 m, 1½ Std. Der markierte Steig führt östl. auf ein unbenanntes Joch, 1–1½ Std., und später zu einem kleinen See zu Füßen der Kreuzleithöhe, 2160 m. Südlich davon verbinden die beiden Wegvarianten beim Giramondopaß, 1971 m, ½ Std., bevor der große Abstieg zur Oberen Wolayer Alm, 1709 m, mit abschließendem Gegenanstieg zur Eduard-Pichl-Hütte die Tagesetappe beendet, 2 Std.
b) Der Friedensweg 403 auf österreichischer Seite, ca. 17 km, 9–11 Std., wartet mit spürbaren Höhenunterschieden auf. Vom Hochweißsteinhaus beginnt die Bergwanderung mit einem Abstieg ins Frontal. 400 m unterhalb des Autoabstellplatzes weist ein markierter Pfeil über den Bach und auf den Bergkamm zwischen Raudenspitze und Gemskofel, 2072 m, 2½ Std. Gegenüber steigen wir zur sogenannten Schreibachhöhe ab, 1928 m, und in den Talschluß der Obergail, 1¼ Std. Gut 2 Std. benötigen wir zum 2218 m hoch gelegenen Obergailtaler Joch mit ostseitig sich verbergendem Letterspitzbiwak, 2008 m (Wasserstelle blau markiert). Ein Trittsteig führt zur Steinhütte hinab, 1807 m, dort rechts vorbei, bis im Talschluß der Niedergail der dritte Gegenanstieg zum Niedergailjoch, 2003 m, und Giramondopaß bevorsteht, 1971 m, 2½–3 Std. vom Letterspitzbiwak. Ein letztes Mal büßen wir an Höhe ein, wenn wir zur Oberen Wolayer Alm absteigen, 1709 m, und mobilisieren noch einmal alle Kräfte auf den Gegenhängen zur Eduard-Pichl-Hütte, 2 Std. Die Hohe Warte (höchste Erhebung der Karnischen Alpen), 2780 m, ist auf markierter Route durch die Nordwand, 4–5 Std. (Einstieg am Wolayer Törl, 2138 m) oder am Normalweg (für Ungeübte) auf der Südseite mit gleichem Zeitaufwand ersteigbar.
Beste Tourenzeit: Juli bis September.

Register

Literaturhinweis

Heinricher, Alois: Osttiroler Heimatblätter. Lienz, 1983
Mair, Walter: Osttiroler Wanderbuch. Innsbruck, 1984
– Hohe-Tauern-Südseite. München, 1981
– Berge um Lienz. München, 1980
– Schobergruppe. München, 1979
Pizzinini, Meinrad: Osttiroler Kunstführer. Salzburg, 1974
– Lienz, 1982
Österreichischer Alpenverein, Jahrbücher. Innsbruck, 1965, 1967
Forcher, Michael: Matrei. 1980
Fremdenverkehrsverbände – Chroniken: Villgraten, Kals, Virgen, Prägraten, Lesachtal – jeweils derzeit erhältliche Auflage.

In gleicher Ausstattung
sind erschienen:

Wolfgang Nairz

Tiroler Bergtouren

Bildwanderbuch mit Begleitheft und Vorwort von Reinhold Messner, 128 Seiten, davon 82 Farbbilder, Übersichtskarte am Vorsatz, lam. Pappband.

Wolfgang Nairz ist weit über die Grenzen Tirols hinaus durch seine vielen Expeditionen bekannt geworden – stand er doch als erster Expeditionsleiter am Gipfel des höchsten Berges der Erde, am 8848 m hohen Mount Everest. Als Tiroler Bergsteiger hat er eine besonders nachhaltige Beziehung zu seiner Tiroler Heimat. Auf den Tiroler Bergen kann man ihn zwischendurch immer wieder antreffen, zumeist begleitet von seinem treuen Hund.

Das Bildwanderbuch „Tiroler Bergtouren" ist keine Anleitung für extreme Gipfelstürmer – es bietet vielmehr Anregungen für den, der gerne in die Berge zieht. So dient es besonders auch bergbegeisterten Eltern und ihren Sprößlingen. Schließlich bringt es dem Leser ein kleines, aber schönes Stück Tirol näher: bei einem schönen Ausflug, bei einer Bergwanderung oder Bergtour, die man eigentlich schon lange machen wollte.

Der neue „Nairz" will „Tiroler Bergtouren" und damit 58 Anstiege und Gipfelerlebnisse in den schönsten Berggebieten Nordtirols vermitteln, vom Kaisergebirge im Osten bis zur Silvretta im Westen. Für den, der selbst nicht mehr so hoch hinaus will oder kann, ist es dank der eindrucksvollen Bergbilder zugleich ein Schau- und Erinnerungsbuch.

Hanspaul Menara

Tiroler Höhenwege

Bildwanderbuch mit Begleitheft. 140 Seiten, davon 60 Farbbildseiten, mit Übersichtskarte am Vorsatz, lam. Pappband.

Es gibt viele Höhenwege in Tirol. Wohl die 50 schönsten hat der bekannte Alpinschriftsteller Hanspaul Menara für ein Bildwanderbuch neu begangen, dem Leser ausführlich beschrieben und mit farbigen Meisterfotos angereichert. Es sind alle Gebirgsketten einbezogen, sodaß keines der wichtigen Tourengebiete fehlt: Verwall, Samnaun, Lechtaler und Allgäuer Alpen, Tannheimer Gruppe, Mieminger Kette, Ötztaler Alpen, Stubaier und Zillertaler Alpen, Wetterstein, Karwendel, Tuxer Voralpen, Rofan, Kaiser und Kitzbüheler Alpen. Jeder Höhenweg ist alpingeschichtlich und stimmungsmäßig erfaßt und genau beschrieben.

Mit Menaras Bildwanderbuch „Tiroler Höhenwege" kann der Alpinwanderer Neues entdecken und Altbekanntes neu erleben. Es vermittelt ungetrübtes Bergwandern in den schönsten Tourengebieten Tirols.

Der neue „Menara" ist Anreiz für alle junggebliebenen Bergfreunde und dient ebenso der genußvollen Nachbetrachtung in alten Tagen.

Tyrolia-Verlag
Innsbruck–Wien